Niki Lauda

Formel 1

Niki Lauda
Formel 1

Unter Mitarbeit von
Dipl.-Ing. Dr. Fritz Indra
und Herbert Völker

Technische Exklusiv-Fotos:
Heinz-Dieter Finck

VERLAG ORAC WIEN
MOTORBUCH VERLAG STUTTGART

Fotonachweis
Farbfotos: Carl Imber (17), Heinz-Dieter Finck (3), Alois Hans Rottensteiner (2), Martini (1).
Schwarzweißfotos: Heinz-Dieter Finck (65), Alois Hans Rottensteiner (40), D. P. P. I. (16), Ferdi Kräling (10), Roger Benoit (9), David Phipps (5), Carl Imber (2), UOP-Werksfoto (2), Ferrari-Werksfoto (2), Charles Loring (1), Jackie van Nimwegen (1), Erik della Faille (1), Werner Knorr (1), Jutta Fausel (1), Erwin Kneidinger (1), Augusto Baldoni (1).

Schutzumschlag:
Graphik: Bronislaw Zelek.
Titelfoto von Heinz-Dieter Finck, Rückseite von Alois Hans Rottensteiner.

ISBN 3-85368-817-9

1. Auflage 1975
2. Auflage 1975

Gesamtherstellung: Wiener Verlag, Wien

Inhaltsverzeichnis

Vorwort

Als ich am Beginn meiner Karriere stand, hat mich ein Buch ganz besonders fasziniert. Piero Taruffi hatte es (vor nunmehr 18 Jahren) geschrieben und darin die Theorie und Praxis seines Sports in seriöser Form behandelt. Für einen jungen Fan wie für mich gab es darin viele Antworten auf Hunderte Fragen, seither schätze ich diese Art von Büchern. Die Technik hat inzwischen andere Autos und andersartige Bedingungen geschaffen. Und das Fernsehen hat den einzelnen Interessierten inzwischen an die Stätte des Geschehens gebracht, an der er eine Menge sieht, ohne aber die erklärenden Zusammenhänge mitgeliefert zu bekommen. Dieser Sport ist seit Taruffi komplizierter und vielschichtiger, aber auch viel „öffentlicher" geworden. Die Aufgabe reizte mich, die geänderten Gegebenheiten in einem Buch zu sammeln, neue Fragen aufzuwerfen und zu beantworten und jene Seite meines Sports nach vorn zu rücken, die eigentlich den Ausschlag gibt: Die der technischen Zusammenhänge, die normalerweise in der Öffentlichkeit von der Grand-Prix-Show überdeckt werden. Ich wollte die Erklärung für jene Dinge geben, die die Show überhaupt erst laufen lassen. Und wenn man das Thema erst einmal von dieser Seite anpackt, bleibt keine Spur von Show, da bleiben nur die Faszination und die Freude jener, die ihren Job tun — ob am Zeichentisch oder hinter dem Volant.

Niki Lauda

Zur Person

Das folgende Gespräch mit Niki Lauda führte Herbert Völker

VÖLKER: Für jemanden, der deine Karriere ein bißchen genauer kennt, ist ein ganz bestimmter Moment am faszinierendsten — als du nämlich das Risiko auf dich nahmst, einen Millionen-Schilling-Betrag an Schulden zu machen, um dir den nächsten Schritt in deiner Karriere zu ermöglichen. In jenem Moment mußt du davon überzeugt gewesen sein, mit der Weltspitze mitfahren zu können, ansonst wäre das Kreditrisiko in jedem Fall ein Wahnsinn gewesen. Aber du hattest ja keine Möglichkeit, dich damals auf gleichen Autos etwa mit einem Jackie Stewart zu vergleichen. Woher hast du diese unglaubliche Sicherheit genommen, daß du wissen konntest: Ich hab das Zeug zu einem Superstar?

LAUDA: Ich hatte eine entscheidende Vergleichsmöglichkeit, das war Ronnie Peterson während meiner Formel-II-Saison 1971 bei March. Ronnie war damals schon der große neue Star, und wir fuhren unsere Tests am selben Tag mit demselben Auto. Das war das letzte Jahr, in dem mich Sponsorgelder über Wasser hielten, im Jahr darauf mußte ich dann die große Entscheidung treffen: Millionenkredit oder Rückfall. Da gab es zum Beispiel das Rennen in Rouen, als ich Ronnie in der Schikane ausbremste und überholte und dann eine Runde später das Signal zum Langsamerwerden bekam. Da war ich so verschreckt, daß ich Ronnie natürlich sofort wieder vorbeiließ. An diesem Tag hatte Ronnie aber die falschen Flügel montiert, so daß ich meine Leistung gar nicht so hoch wertete wie die diversen Testfahrten, wo wir dasselbe Auto fuhren. Er war schneller als ich, und ich begann zu überlegen: Sechs Zehntel, wo holt er diese sechs Zehntel, es muß eine Erklärung dafür geben. Und mit der Zeit fand ich die logische Antwort auf meine Fragen, und daher fand ich auch immer die paar Zehntelsekunden und war so schnell wie er. Nur dann im Rennen, da war ich natürlich wieder um drei Sekunden langsamer, weil er

einen guten Motor hatte und ich den alten Hund, der unter dem Namen 065 schon berüchtigt war, mit dem schon gleich nach dem Krieg Jim Clark gefahren sein soll.
VÖLKER: Und aus diesem Vergleich mit Peterson hast du die Folgerung gezogen: Wenn ich meine Chance bekomme, dann komme ich rauf?
LAUDA: Na ja, vor allem habe ich einmal eine Menge durch Ronnie gelernt. Das Vollgas-Fahren, das Riskieren, das Suchen nach den Zehnteln. Und eines ist mir natürlich klar geworden: Von der reinen Geschwindigkeit her hab ich ihn, ich muß nur ausfeilen — und natürlich muß ich dann ein ordentliches Auto haben.
VÖLKER: So wie du dir damals zugetraut hast, so gut wie Ronnie zu sein, würdest du dir heute zu sagen trauen: Ich bin so schnell oder schneller als alle anderen?
LAUDA: Ich kann ein Auto gut auf einen Kurs einstellen. Mit dieser Einstellung kann ich dann optimal fahren, und zwar so schnell, daß ich sagen kann: Schneller geht's nicht.
VÖLKER: Also schneller als alle anderen?
LAUDA: Nein. Die ganze Spitzenklasse fährt gleich schnell. Es gibt nur eine Linie und man kann auf dieser Linie nur soundsoweit driften. Wenn da eine Leitschiene steht, kannst du auf zwei Zentimeter herandriften, aber mehr geht einfach nicht. Und beim Anbremsen kannst du nur so bremsen, daß du es auf dem letzten Loch gerade noch schaffst, aber später kannst du einfach nicht bremsen, sonst pickst du irgendwo drin. Daher kann ich bei gleich eingestelltem Auto nicht schneller fahren als der andere Fahrer, egal wie er heißt, weil wir alle am Limit fahren. In dem Moment, wo sechs Leute dieses optimale Fahren beherrschen, sind sechs Leute mit gleich abgestimmtem Auto gleich schnell.
VÖLKER: Also liegen zwischen diesen paar Leuten die Unterschiede nur im Auto und in der Fähigkeit, das Auto jeweils optimal abzustimmen?
LAUDA: Richtig.
VÖLKER: Und meinst du, daß du das Auto besser auf einen Kurs einstellen kannst, als dies irgendein anderer kann?
LAUDA: Nein. Ich weiß nur, daß ich sehr fleißig bin und daß ich alle meine Fähigkeiten auf diese Abstimmung des Autos konzentriere.
VÖLKER: Du hast also 1971 an Peterson Maß genommen und daran erkannt, daß du was Besonderes werden kannst. Hast du eigentlich schon am Beginn deiner Karriere das Gefühl gehabt, du würdest ein Weltklassemann werden?
LAUDA: Nein. Ich habe mir in jeder Klasse ein Limit gesetzt, zum Beispiel:

Bei Bergrennen muß ich schneller sein als der Lemmy Hofer. Wenn er mich ein einziges Mal geschlagen hätte, hätte ich aufgeben müssen. Meine Klasse mußte ich niederbügeln, das war Voraussetzung.

VÖLKER: Du hast sicherlich schon diese These gehört, die sich beliebig variieren läßt, etwa: In Indien gibt es wahrscheinlich 30 Leute, die zumindest so gut Autofahren können wie der Fittipaldi, aber sie bekommen einfach keine Chance, es zu zeigen. Was hältst du davon?

LAUDA: Dann gibt's auch hundert Karajans, die im Bergwerk versauern. Das Sich-Durchsetzen-Können gehört untrennbar zur Leistung dazu. Du kannst nur dann ein Fittipaldi sein, wenn du all seine Schwierigkeiten überwunden hast, wenn du es geschafft hast, von Brasilien nach England zu kommen. Als der Fittipaldi berühmt wurde, hat man gehört, daß es in Brasilien einen gibt, der heißt Pace und ist noch viel schneller. Der Herr Pace war so lange uninteressant, als er auf Go-Carts gefahren ist, während der Fitti neben dem Jochen im Lotus fuhr. Über Pace konnte man erst zu reden anfangen, als er sich auch durchgesetzt hatte, als er hier war. Und da hat sich herausgestellt, daß er auch nur so schnell sein kann wie Fittipaldi, aber nicht schneller, weil schneller geht's eben nicht. Außerdem ist das Schnellfahren nur die Grundlage für den guten Rennfahrer, nur die Voraussetzung. Wenn einer fährt wie ein König und immer das falsche Auto wählt oder dauernd irgendeine Blödheit macht, dann ist er eben kein Weltklassemann — egal wie schnell er auch fährt.

VÖLKER: Nur um jetzt einmal die Theorie durchzuspielen: Dann hätte dir eigentlich nicht der Fehler passieren dürfen, dich auf lange Jahre an BRM und Louis Stanley zu binden.

LAUDA: Ich hatte keine andere Wahl. In jenem Jahr ist mein erhofftes Sponsorgeld nicht gekommen und Stanley hat mich unter Druck gesetzt: Entweder einen langfristigen Vertrag unterschreiben oder sofort ausstehendes Sponsorgeld auf den Tisch. Als ich dann zu Ferrari ging, war meine Entscheidung gegenüber Stanley nicht ganz korrekt. Aber ich wußte genau, daß Stanley nie in der Lage sein würde, aus BRM wieder ein gutes Team zu machen. Ich habe mich nicht deswegen entschieden, wegzugehen, weil Ferrari damals besser war. Ferrari war auch am Tiefpunkt angelangt, bot aber die Voraussetzung für erfolgreiche Arbeit. Bei BRM war das nicht der Fall. Die Last dieser Entscheidung war unheimlich schwer, es stand ja alles auf dem Spiel.

VÖLKER: Der Erfolgsmensch Lauda hat aber offensichtlich richtig entschieden. Aber bleiben wir noch beim Sport, beim optimalen Fahren: Sind es nur vier oder fünf Leute, die das beherrschen, oder sind es mehr?

LAUDA: Man kann das reine Fahren nicht loslösen. Denn um ein solches Auto optimal zu bewegen, muß man zwei Jahre in der Formel I gefahren sein, und zwar nicht mit irgendwelchen Gurken. Um aber überhaupt in die Formel I und zu guten Fahrzeugen zu kommen, braucht es eben mehr als nur das Gasgeben. Wenn du wieder auf das „Talent" hinauswillst: Es gibt sicherlich mehr Leute, die großartiges Talent haben, als es Leute gibt, die heute einen Formel-I-Wagen auf dem Limit bewegen. Aber Talent allein ist zuwenig.

VÖLKER: Das würde also bedeuten, daß du von einer organisierten Talentförderung wenig hältst.

LAUDA: Überhaupt nichts. Das Rangeln gehört dazu, das kann man keinem abnehmen. Rennfahrerschulen bringen nur bis zu einem gewissen Grad etwas. Dann stehst du an und mußt allein weiterboxen.

VÖLKER: Bist du im Stress?

LAUDA: Ja.

VÖLKER: Aber es zwingt dich doch keiner, soviel zu arbeiten. Bist du nicht vielleicht gierig?

LAUDA: Es ist normales Geldverdienen. Ich zwinge mich, zu einer Autogrammstunde zu fahren. Das ist echte Arbeit, die ich mir allerdings gut bezahlen lasse. Und dieses gute Geld bekomme ich nur jetzt.

VÖLKER: Ist das Geldverdienen für dich das wichtigste am Rennfahren?

LAUDA: Nicht das wichtigste, aber auch wichtig.

VÖLKER: Angenommen, du würdest durch das Rennfahren nur 100 000 Schilling im Jahr verdienen, könntest also gerade nur mit letzter Kraft davon leben. Würdest du dann trotzdem Rennfahrer sein oder lieber einen Managerjob nehmen, bei dem du 200 000 verdienen würdest?

LAUDA: Die Frage ist zu theoretisch, ich kann sie nicht beantworten. Als ich Rennfahrer wurde, war mir das Geld egal. Autos haben mich fasziniert, und auch heute ist die Beschäftigung mit Autos für mich der Traumberuf. Ein risikoreicher Beruf, mit dem ich Geld verdienen kann. Das ist mir wichtig.

VÖLKER: Deine Forderung für eine Autogrammstunde entspricht dem Monatsgehalt eines kleineren Direktors. Warum verlangst du soviel, beim Autogrammschreiben hast du ja kein Risiko?

LAUDA: Das sind doch primitive Regeln des Geschäftslebens, daß man den Marktwert berücksichtigt. Die Leute würden mir ja nicht soviel zahlen, wenn ich es ihnen nicht wert wäre. Und von meinem Standpunkt ist es sicherlich gescheiter, ich mache eine Stunde um X Schilling, als fünf Stunden um je ein Fünftel von X.

VÖLKER: Man kann also sagen, du arbeitest, soviel du schaffen kannst. Dabei kommst du natürlich in Stress-Situationen, sicherlich nicht wegen der Autogrammstunden, aber wegen der Tatsache, daß du nie richtig ausspannen kannst. Dazu der ganze Nervenkrieg der Rennen, macht dich das nicht fertig? Siehst du nie beim Einschlafen weiße Mäuse?
LAUDA: Es gibt schon Abende, an denen ich schwerer einschlafe, weil ich überdreht bin.
VÖLKER: Was tust du dagegen?
LAUDA: Das wichtigste ist, solche Situationen klar zu erkennen. Früher konnte ich das nicht. Anstatt mich nach einem Rennen auszuruhen, hetzte ich gleich weiter von einem Termin zum anderen, bis ich vor Erschöpfung umfiel. Heute überblicke ich mich und verhalte mich dementsprechend.
VÖLKER: Das sind ja ganz normale Zustände, wie sie jeder Mensch hat, der hart arbeitet und sich geistig ausgibt. Ich meinte eigentlich Situationen, in denen die Belastung so arg wird, daß dir dein Gemüt einen Streich spielt. Kommt das vor?
LAUDA: Selten.
VÖLKER: So ein grauenhafter Unfalltag wie beim Grand Prix in Barcelona (1975) — gräbt sich der nicht tief im Hirn ein, so tief, daß dich der Gedanke daran eine Zeitlang nicht losläßt?
LAUDA: Warum Barcelona? Der Unfall hatte nichts mit den ganzen Sicherheitsbemühungen zu tun. Wenn einem Wagen ein Heckflügel wegbricht, kann auf jeder Strecke der Welt ein Unfall passieren.
VÖLKER: Ich habe nicht die spezielle Konstellation gemeint. Ich meinte nur: Wenn es Tote gibt, dann muß das doch einen Menschen, der in dieser Branche arbeitet, aus dem Gleichgewicht bringen.
LAUDA: Es geht mir nahe, es bewegt mich, aber es bringt mich nicht aus dem Gleichgewicht. Ich darf das nicht ganz an mich heranlassen. Genauso darf ich keine Angst haben, darf ich mir keine Sorgen machen.
VÖLKER: Aber das kann ein Mensch doch nicht selbst steuern, ob er nun Angst hat oder nicht.
LAUDA: Das ist reine Willenssache. Man muß einen starken Willen und eine gewisse Sturheit entwickeln.
VÖLKER: Hat man diese Sturheit oder muß man sie erst ausbilden?
LAUDA: Man hat sie und kann sie weiter ausbauen. Ich kann irrsinnig stur sein. Wenn ich die Mariella nicht hätte . . .
VÖLKER: Welche Rolle spielt Mariella dabei?
LAUDA: Eine sehr große.
VÖLKER: Wärest du ohne Mariella heute genauso weit?

LAUDA: Ich wäre vielleicht weiter, aber nur im Berufsleben. Menschlich wäre ich nicht soweit.
VÖLKER: Wegen jener Eigenschaft, die du Sturheit nennst?
LAUDA: Ja. Ich kann ungeheuren Egoismus entwickeln, sogar Brutalität. Da braucht man einen Gegenpol.
VÖLKER: Eben Mariella?
LAUDA: Ja. Jetzt bin ich darüber hinweg, jetzt könnte ich es allein schaffen. Aber auf dem Weg dahin, da war Mariella entscheidend.
VÖLKER: Diese Sturheit oder Brutalität — ist sie entscheidend für deinesgleichen? Sind alle, die jetzt an der Spitze sind, genauso?
LAUDA: Ja. Sonst könnten sie nicht noch fahren, wenn sie einmal einen tödlichen Unfall erlebt haben. Da müßte doch der Punkt kommen, an dem einer sagt: Ist doch alles Wahnsinn. Man muß ja nicht Rennfahrer sein, es muß auch gar keine Rennen geben.
VÖLKER: Und dieser Punkt kommt nicht?
LAUDA: Bei denen, die aufgehört haben, ist er vielleicht gekommen. Bei mir und denen, die noch fahren, ist er nicht gekommen. Er kann nicht gekommen sein, denn sonst könnten wir unseren Beruf nicht ausüben. Du mußt einmal in deinem Leben entscheiden: Willst du diesen Beruf ausüben? Willst du ihn mit all seinen Konsequenzen? Wenn du dir diese Frage stellst, und wenn du sie ganz ehrlich mit ja beantwortest, bedeutet das, daß du das Problem bewältigt hast, da kannst du keine Angst mehr haben, sonst hast du dich ja seinerzeit angelogen.
VÖLKER: Gibt es nicht auch sensiblere Rennfahrer als dich?
LAUDA: Nein, zumindest keine guten. Sie hätten Angst und würden sich Sorgen machen und würden schlecht schlafen und würden zu langsam sein.
VÖLKER: Wenn einer mit dem Rennfahren beginnt, ist er ja meist zu jung und zu oberflächlich, um sich selbst eine so entscheidende Frage zu stellen. Mit 18 frägt man sich nichts, da will man nur Gasgeben. Hat es bei dir einen ganz konkreten Moment gegeben, an dem du dir diese Frage gestellt hast und dann zu einer Antwort gekommen bist?
LAUDA: Ja. Am 5. September 1970, zufällig an dem Tag, an dem Jochen Rindt starb.
VÖLKER: Was heißt zufällig?
LAUDA: Jochen hatte nicht das geringste damit zu tun. Es war purer Zufall, daß ich mein entscheidendes Erlebnis genau an dem Tag hatte, an dem Jochen starb. Ich war in Zolder, Jochen in Monza.
VÖLKER: Wie war das?
LAUDA: Es war ein Formel-III-Rennen. Ich hatte in dieser Saison schon

vier Unfälle gehabt. Es war auch eine Wahnsinnsformel. Da gab es 25 Leute, die waren alle gleich schnell, und keiner gab nach. Da flog man in Formation mit 200 über Kuppen, und einer rempelte dabei den anderen wie beim Autodromfahren im Prater. Man mußte verrückt sein, um in dieser Formel zu fahren. Und ich war verrückt. Wenn man sich nur mein allererstes Formel-III-Rennen vor Augen hält: Ich fuhr mit Pankl im Auto nach Südfrankreich, nach Nogaro, eine 36-Stunden-Fahrt mit dem Transporter im Genick. Wir waren die einzigen Österreicher gegen 30 verrückte Franzosen. Erstes Training: Ich hänge mich in den Windschatten von Pankl, sauge mich an und will ausscheren. Im Moment des Ausscherens setzt sein Motor aus. Ich fahre mit meinem linken Vorderrad gegen sein rechtes Hinterrad, steige auf, fliege über einen Streckenposten drüber, lande vor einer Leitschiene, verliere sämtliche Räder und rutsche hundert Meter an der Leitschiene entlang, dann ist von dem Auto nichts Erwähnenswertes mehr übrig. Das war das Ende meiner ersten fünf Minuten in der Formel III, im allerersten Training.

VÖLKER: Und hat dich das Bild dieses Unfalls nicht verfolgt in den kommenden Wochen?

LAUDA: Da hätten mich auch die Bilder von drei anderen Unfällen verfolgen müssen. Ich bin ja pausenlos rausgeflogen. Von Nogaro sind wir in einer Amokfahrt zurück nach Wien gekommen, dann habe ich von McNamara ein neues Chassis geholt, hab ein Auto schnell fertigmachen lassen und bin auf den Nürburgring gefahren. Da bin ich an fünfter Stelle gelegen, in Sichtweite vor mir war keiner, hinten war auch keiner. Trotzdem habe ich mich rausgeschmissen, ich weiß bis heute nicht, warum. Zack, das war das zweite Rennen und der zweite Crash. Dann wieder nach Frankreich, wieder 36 Stunden im Wagen. Beim Schalten vermurkst sich was im Gestänge, statt rauf schalt ich runter, da waren Getriebe und Motor beim Teufel. Dann kam Brands Hatch. Vor dem Rennen fragte mich der Fotograf Rottensteiner, welches die beste Kurve sei. Ich sagte ihm: Vor der Box, da fliegt sicher einer raus. Na bitte: Ich selbst will einen Gegner außen ausbremsen, schneide die Ecke, der andere knallt mir gegen das Hinterrad, und ich fliege raus — haargenau vor Rottensteiner. Totalschaden. Und dann kam das Rennen Anfang September in Zolder.

VÖLKER: Was war so eindrucksvoll dran?

LAUDA: Es war der Gipfelpunkt des Verrückten. Dritte Runde: Ein Unfall — Hannelore Werner — irgendwo auf der Strecke. Wir kamen in Formation über die Kuppe, mit Tempo 210. Da war plötzlich die Rettung mit Tempo 50. Die ersten drei haben sich rechts vorbeigezwängt, Hunt war dabei und Birrell. Dann wollte noch einer rechts vorbei, der hat's aber nicht mehr ganz geschafft,

begann zu kreiseln. Jetzt wollte ich links vorbei, inzwischen kreiselte der eine Wagen nach links, wir kollidierten, ich drehte mich, der nächste nahm mich volley. Alles spielte sich mitten auf der Fahrbahn ab, ich stand da mit meinem zerlemperten Auto, da kam die nächste Gruppe über den Hügel. Inzwischen waren schon die gelben Fahnen draußen, es gab jede Menge Signale, aber die Meute blieb voll im Gas. Ich konnte nur warten, auf welcher Seite sie mich abschießen würden. Einer flog über meine Schnauze, dann sprang ich raus und rannte einfach weg.
VÖLKER: Und dieses Rennen war dein Schlüsselerlebnis?
LAUDA: Ja, denn dieses Anti-Rennen war so etwas wie der Höhepunkt einer Anti-Saison. Ich dachte über die ganze Sache gründlich nach und kam zu dem Schluß, daß ich zwar Rennfahren wollte, und zwar mit all seinen Konsequenzen, aber daß ich nicht ein Wahnsinniger in einem Feld von zwei Dutzend Wahnsinnigen sein wollte. Drum setzte ich mich nie wieder in einen Formel-III-Wagen, sondern verwendete alle meine Energien darauf, das nötige Geld zusammenzukratzen, um mich in die Formel II einzukaufen.
VÖLKER: Und mit diesem einen Entschluß hast du alle künftigen Probleme überwunden?
LAUDA: Im Sinn von Berufswahl, ja. Ich habe seither nicht mehr daran gezweifelt, daß dies der richtige Beruf für mich sei und daß ich in diesem Beruf meine volle Leistung bringen wolle. Das schließt ja ein, daß man keine Angst haben darf. Stell dir den Österreich-Ring vor, die Bosch-Kurve: Du kommst mit 280 und steigst auf die Bremse und zauberst dich um ein paar Zentimeter an der Leitschiene vorbei — wenn du da an die Möglichkeit eines Reifendefekts oder Bremsschadens denkst, brauchst du zum Rennen gar nicht anzutreten, denn du kannst dein Berufsziel nicht erfüllen. Und so gäbe es eine Unmenge von Problemen, Schrecken und Ängsten, die dich dauernd anspringen würden.
VÖLKER: Und dich springt nichts an?
LAUDA: Nein, sonst hätte ich schon aufhören müssen. Denn es wäre ja sinnlos, jedesmal zehn Meter früher zu bremsen.
VÖLKER: Brauchst du da nicht eine Art von Gemütstraining, um diese „bösen Gedanken“ von dir abzuhalten?
LAUDA: Nein. Man hat die Fähigkeit des Umschaltens gewonnen. Ich lege einen Schalter in meinem Hirn um, und dann bin ich Rennfahrer und sonst

Zu den Farbfotos auf den nächsten Seiten:
Wartestellung — bei abgenommener Verkleidung.
Doppelseite: „Mein bestes Rennen“ — Monaco 1975.
Ferrari-Testbahn in Fiorano: Zwar Regazzonis Startnummer, aber ich sitze drin.

GOOD YEAR
GOOD YEAR
Agip
GOOD YEAR
Agip

Marlboro
YEAR
agv

12
GOOD YEAR

ALEXANDRE
DE PARIS
HAUTE COIFFURE
Tiffany's Club
BRITANNIA
12
GOOD YEAR
MARCHAL

11
GOODYEAR

nichts. Ein Rennfahrer ohne Emotionen, daher auch ohne Angst. Da fährst du, ohne daß dich etwas anspringt. Die Frage ist dann, wie schnell es dir gelingt, den Schalter wieder in die Ausgangsstellung zu bringen, das heißt vom Rennfahrer zum Menschen zu werden.
VÖLKER: Und wie schnell gelingt es dir?
LAUDA: Ziemlich schnell im Vergleich zu anderen Fahrern. Aber es passieren eben doch Dinge, die ich normalerweise nicht täte. Man trifft auf Leute, die von der Atmosphäre des Rennens überdreht sind, mit denen kommt man nicht leicht zurecht. Da war zum Beispiel ein Streckenposten in Kanada, der geriet in Panik, als ich rausgeflogen bin, er hat immer nur geschrien: Master switch, master switch, ich soll den Hauptschalter umlegen. Es war alles unter Kontrolle, und ich sagte ihm ganz ruhig, daß ich nur den Helm abnehmen wolle. Im gleichen Moment hat der Mann durchgedreht und ans Auto gegriffen, dabei hat er natürlich den Feuerlöscher erwischt, der ist losgegangen. Ich bekam einen derartigen Zorn, daß ich dem Mann meinen Sturzhelm raufknallte — eine Sache, die für mich normalerweise undenkbar wäre, und die mir auch nachträglich leid tut, aber der Schalter war einfach noch auf „Rennen" und nicht auf „Niki". Oder nach dem argentinischen Grand Prix: Ich gehe mit Mariella aus dem Fahrerlager, da reißt mich einer herum und schreit Foto, den bin ich angesprungen.
VÖLKER: Um auf deine Crash-Saison zurückzukommen. Du bist also gefahren wie ein Verrückter und hast durch Glück überlebt. Wieso bist du inzwischen vernünftig geworden?
LAUDA: Ich glaube, daß diese Crashes für die Karriere eines Rennfahrers nötig sind. Es kommt nur darauf an, ob man etwas daraus lernt oder nicht. Es gibt welche, die sind vor fünf Jahren in der Formel III gefahren und haben sich halb erschlagen, und sie fahren heute noch immer dort und fliegen noch immer raus.
VÖLKER: Du bist so etwas wie ein Vorbild für viele Jugendliche, aber sicher auch Erwachsene, die sich in die Scheinwelt eines Grand-Prix-Helden verkriechen. Hast du das Gefühl, nur dir selbst gegenüber verantwortlich zu sein, oder spürst du so etwas wie eine moralische Verpflichtung, ein gutes, ein sauberes Vorbild zu sein?
LAUDA: Ich habe nichts übrig für Vorbilder. Ich selbst hatte kein Vorbild, und ich finde es nicht richtig, wenn andere eines haben. Ich kann nur fahren wie der Lauda, ich kann nicht so fahren wie der Rindt oder der Stewart oder ich weiß nicht, wer. Ich kann mir höchstens Kleinigkeiten abschauen, aber es wäre verlorene Zeit, zu sagen: Ich möchte so sein wie der oder der. Drum kann ich mich auch nie in der Rolle eines Vorbilds für andere sehen.

VÖLKER: Trotzdem, du stehst in der Auslage der Nation und nimmst in irgendeiner Form Einfluß auf deine Bewunderer. Stellst du deine Handlungen daraufhin ab?
LAUDA: Ich bemühe mich, mich ordentlich zu benehmen. Das fällt mir leicht, denn ich bin gut erzogen und an Manieren gewöhnt worden. Ich werde weder durch Randalieren noch durch Betrunkensein schlecht auffallen, weil ich ohnedies nie randalieren würde und auch kaum Alkohol trinke. Und wenn die Journalisten begeistert sind, daß ich der Fürstin Gracia die Hand küsse, dann kann ich nur sagen: Ich hab mir nichts dabei gedacht, es war selbstverständlich, ihr die Hand zu küssen, das habe ich so gelernt, und es ist normal für mich.
VÖLKER: War diese gute Erziehung nicht auch ein Handikap für dich? Bist du im Luxus deines Elternhauses nicht verweichlicht worden?
LAUDA: Als Kind schon, ganz bestimmt. Ich mußte, auch wenn es nicht sehr kalt war, Schal und Mantel tragen und einen Steirerhut aufsetzen. Mein Bruder war immer genau gleich angezogen, wir kamen daher wie zwei kleine Deppen. Ich sehe eine Situation noch haargenau vor mir. Ich war ungefähr elf oder zwölf und mußte öfter zum Zahnarzt wegen der Regulierung. Ich stand mit meiner Mutter an der Ecke beim Forum-Kino und wartete auf die Straßenbahn. Ich schaute nur auf den Kanaldeckel: Immer wenn ein Auto drüberfuhr, machte es tack-tack. Wenn ich mich jetzt bemühe, mir vorzustellen, wie ich damals dort an der Ecke stand, im Mantel, mit Schal und Steirerhut: Ich glaube, ich war ein ziemliches Seicherl[1].
VÖLKER: Was hat dich von der Seicherl-Fahrbahn abgebracht?
LAUDA: Meine Affenliebe für Autos. Mit 15 habe ich um 1500 Schilling einen VW-Cabrio Jahrgang 1949 gekauft. Mit dem konnte ich in unserem Hof auf und ab fahren. Ich habe ihn mit einer Spritzpistole lackiert und den Motor auseinandergenommen. Dann habe ich den VW auf das Gut meiner Eltern schleppen lassen, dort konnte ich auf Privatstraßen fahren. Da habe ich Sprungschanzen gebaut und jeden erdenklichen Blödsinn gemacht. Wegen des Autos brauchte ich auch wesentlich mehr Geld, als ich an Taschengeld bekam, daher mußte ich in den Ferien was verdienen, da arbeitete ich mit 16 als Lkw-Beifahrer. Manchmal durfte ich auch fahren. Seither faszinieren mich Lastwagen ungeheuer. Ich glaube, ich möchte einmal einen Lastwagen besitzen. Aber um Beifahrer zu sein, mußte ich um halb zwei in der Nacht aufstehen, da kann man kein Seicherl mehr sein.
VÖLKER: Als du als Fünfzehnjähriger mit deinem VW über die Rampe

[1] Wienerischer Ausdruck für Weichling.

gesprungen bist, wolltest du da Weltmeister werden? Das muß das Jahr 1964 gewesen sein, das Jahr, in dem Surtees Weltmeister wurde. Bist du als John Surtees oder als Niki Lauda über die Rampe gesprungen?

LAUDA: Als Lauda. Und ich wollte nicht Weltmeister werden, sondern dachte immer nur an den nächsten Schritt. Und der nächste Schritt war: Ein Führerschein, in drei Jahren.

VÖLKER: Du hast schon gesagt, daß du keine Vorbilder hattest. Aber trotzdem: Hattest du so etwas wie Bewunderung für die Helden der damaligen Zeit? Also zum Beispiel für Surtees?

LAUDA: Mein Onkel hat mich einmal zum Nürburgring mitgenommen, da sah ich Surtees. Er war damals schon grauhaarig, und das hat im Moment mächtigen Eindruck auf mich gemacht. Aber nicht nachhaltig.

VÖLKER: Der Mann, der in jenen Jahren den Rennsport beherrscht hat, war Jim Clark. Wie hat er auf dich gewirkt?

LAUDA: Zu Ostern 1968 war ich Zuschauer beim Rennen in Aspern. Frank Gardner hat auf einem Lotus-Cortina gewonnen, nachher wurde gesagt: Jim Clark ist in Hockenheim tödlich verunglückt. Da habe ich für einen Moment tiefe Traurigkeit empfunden. Nicht, weil er mir etwa leid getan hätte. Nein, ich dachte nur dran, daß dieser Mann jetzt fehlen würde. Daß er einfach weg ist, das hat mir weh getan.

VÖLKER: Hast du bei Rindt Ähnliches gespürt?

LAUDA: Nein. Ich war sehr deprimiert.

VÖLKER: Wie du vorhin gesagt hast, war dies ja am selben Tag, an dem du den Unfall in Zolder hattest. Wenn zwei solche Dinge zusammentreffen — das müßte dich doch zum Aufhören motivieren und nicht zum Gegenteil.

LAUDA: Es hat mich zum Nachdenken veranlaßt und zu einer festen Einstellung, über die ich seither nicht mehr diskutieren mußte.

VÖLKER: Ist dir Jochen Rindt unter die Haut gegangen?

LAUDA: Ja. Dabei kannte ich ihn praktisch überhaupt nicht. Ich habe ihn nur ein paarmal flüchtig gesehen. Aber wenn ich mir jetzt seine Fotos anschaue: Da reißt es mich. Er hatte einen guten Kopf. Er schaute wie einer, der was ist. Er hatte Persönlichkeit, zumindest spürte ich das.

VÖLKER: Glaubst du, daß Rindt seinerzeit eine größere Ausstrahlung auf das Publikum hatte, als du sie heute hast?

LAUDA: Das kann ich nicht sagen. Es gibt keine Möglichkeit, hier Vergleiche anzustellen. Vor allem nicht mit einem lebenden Rindt. Man soll das nicht falsch verstehen, aber: Sterben und dann Weltmeister zu werden, eine solche Situation hat es noch nie gegeben, daher gibt es auch keine Vergleichsmaßstäbe für Rindt.

VÖLKER: Daß Prominentsein nicht nur Vorteile hat, wird beim zweiten Nachdenken sehr deutlich. Du bist ein öffentliches Tier und wirst dauernd in deiner Intimsphäre verletzt, auf der anderen Seite hast du enorme Privilegien und das Gefühl, daß Millionen dich bewundern und beneiden. Wie wägst du die Vor- und Nachteile deiner Popularität gegeneinander ab?
LAUDA: Ob es ums Schlangestehen oder um ein Strafmandat geht — ich kann mit Privilegien rechnen. Ich warte nicht gern, daher sind diese Privilegien angenehm. Es kommt natürlich vor — sehr selten —, daß einer sagt: Na, der Lauda wird wohl auch warten können wie alle anderen, dann sage ich, natürlich, klar kann ich warten, ich habe ja nichts verlangt, man hat es mir angeboten. Aber sogar hier im Alltag kommt es auf den Erfolg an: Wenn ich der Lauda bin, der lange nicht gewonnen hat, dann bekomme ich das bei solchen Gelegenheiten zu spüren. Wenn ich aber gerade drei Große Preise gewonnen habe, zerfließen die Leute.
Wenn ich jetzt über die Nachteile rede, kann man das aus dem Zusammenhang reißen und sagen, der Lauda ist präpotent. Man muß es aber in seiner Gesamtheit sehen, und da ist es leider so, daß mir die Leute auf die Nerven gehen. Am ärgsten ist es an den Rennwochenenden, wo du ohnehin bis oben voll bist mit eigenen Problemen und dann noch in jeder Lage Autogramme geben sollst, blöde Fragen beantworten sollst, keine Minute allein sein darfst. Da hast du einen Trainingstag hinter dir, der dir den letzten Nerv gekostet hat, du brauchst jetzt nur Ruhe, nichts wie Ruhe, kommst am Abend ins Hotel, da warten dreißig Leute auf dich, schnappen dich, blockieren dich, du mußt jetzt unterschreiben, immer wieder, immer wieder. Monte Carlo ist das schlimmste. Nach dem Rennen kriegst du Platzangst. Wir hatten an der Box eine Eisenschiene rechts und links, an denen hingen tausend Italiener, die nichts anderes wollten, als mir die Hand geben, mich zerdrücken oder zerreißen aus Begeisterung. Wenn du da nicht aufpaßt, wirst du weggerissen. Da muß ich mir Dinge gefallen lassen, die jeder andere als tätlichen Angriff qualifizieren würde. Zum Beispiel reißt mir einer die Kappe runter. Versteh mich recht: Es geht natürlich nicht um die Kappe — ich hab schon hundert davon verschenkt an Leute, die mich darum gebeten haben. Aber in dem Moment, wo dir einer mit einem brutalen Ruck die Kappe wegreißt, da überkommt dich einfach der Zorn — woher nimmt sich der Kerl das Recht, mich so zu behandeln? Daß das der höchste Ausdruck der Verehrung sein soll, ist mir egal — in diesem Moment ist es nichts anderes als eine Attacke und ein Diebstahl. In einer Situation wie nach dem Rennen in Monaco kann man nur um Hilfe schreien, das habe ich auch getan. Die Mechaniker sind dann mit einem Kombi einfach durch die Menge gestoßen und haben mich buchstäblich befreit.

VÖLKER: Wir sind einmal mitsammen von Modena zurückgefahren und wollten in Innsbruck einen Kaffee trinken. Wir sind um elf Uhr am abend in ein Lokal gekommen, die Leute haben sofort applaudiert. Freut dich so etwas oder geht es dir auf die Nerven?
LAUDA: Das stört mich. Ich will dort nur hinein, um einen Kaffee zu trinken oder mich zu entspannen. Und ich will nicht sagen müssen: Danke. Warum auch? Ich werde in eine Situation hineingedrängt, die ich nicht will. Ich will Kaffee und bekomme Applaus, jeder starrt mich an, erwartet, daß ich freundlich grinse. Kein Mensch will dauernd freundlich grinsen, ich auch nicht.
VÖLKER: Es gibt dir also keine innere Befriedigung, wenn die Leute applaudieren?
LAUDA: Nein, es ist mir nur unangenehm.
VÖLKER: Aber es muß ja irgendwann in deiner Karriere einen Moment gegeben haben, wo es dir sehr wohl angenehm war.
LAUDA: Ganz am Anfang sicherlich. Wenn dich einer erkennt: Sie san doch der Lauda ... ganz am Anfang hat mich so etwas gefreut. Aber dann kommt ein Punkt, wo es dir nichts mehr gibt, wo du nur deine Ruhe haben willst, und zwar nicht deswegen, weil du präpotent bist, sondern weil du den ganzen Rummel nicht mehr bewältigst. Die dauernde Anspannung — „die Leute schauen auf dich" —, die ununterbrochenen Störungen des Privatlebens lassen dich nicht mehr Mensch sein. Es ist das gleiche mit den Journalisten: Natürlich freut man sich als kleiner Formel-III-Fahrer, wenn man in der Zeitung steht. Heute ist es mir egal, wie oft ich in der Zeitung stehe, es gibt mir nichts mehr. Ich lese die Zeitungen nur, um zu kontrollieren, ob man nicht irgendwelchen Blödsinn schreibt, Unwahrheiten, gegen die ich mich wehren sollte. Es ärgert mich, wenn mich jemand attackiert und ich nichts tun kann.
VÖLKER: Zum Beispiel?
LAUDA: Nach der Katastrophe von Barcelona hat mich eine Illustrierte attackiert, ich sei weich, ein Feigling und so weiter. Okay, das muß ich akzeptieren: Journalisten sind eben der Meinung, ich habe falsch gehandelt. Dagegen gibt es nichts zu sagen. Dann habe ich in Monaco und Belgien gewonnen, die Illustrierte hat geglaubt, sie muß das Thema Lauda in irgendeiner Form weiterführen und hat sich daher was Neues einfallen lassen: Ich gewänne deshalb, weil ich jede Menge riskiere, weil ich leichtsinnig sei, weil ich führe wie ein Wahnsinniger. Ich hätte nur noch einen Gegner: Mich selbst. Das ist eine Gemeinheit, denn ich fahre nicht leichtsinnig, vor allem nicht in diesem Jahr, in dem ich schon genügend Routine und Verstand habe. Dieselbe Illustrierte ist mir monatelang in den Ohren gelegen, ich solle ihnen doch eine Exklusivgeschichte geben. Du kannst dir denken, was die von mir zu erwarten haben.

VÖLKER: Du hast einmal gesagt, es sei für dich eine Verpflichtung, deine Fans zufriedenzustellen, ihnen zu geben, was sie wollen. Stehst du noch dazu?
LAUDA: Im Grund ja, solange ich es durchführen kann. Aber es wird jetzt immer schwieriger. Wenn man dir an einem Rennwochenende keine Minute ohne Autogrammschreiben gönnt, dann wird es einfach zuviel. Stell dir vor, du willst nur noch ins Bett, willst nur schlafen gehen, und vor dir stehen soundso viele Leute in der Hotelhalle, durch die du dich erst durchschreiben sollst. Es wird irgendwann einen Punkt geben, an dem ich sagen werde: Nein, es geht nicht mehr. Man kann ja nicht mehr in Ruhe arbeiten, ich kann nicht einmal mehr mit meinem Mechaniker reden, ohne daß mir jemand einen Wisch unter die Nase schiebt. Es gehört sicherlich zu meinem Job, notfalls auch Tausende Autogrammkarten pro Monat zu unterschreiben, als Teil meiner Arbeitszeit. Du weißt, daß alle schriftlichen Autogrammwünsche beantwortet werden und daß ich natürlich einer Firma Gegenleistung zu bringen habe, die mich für eine Autogrammstunde hoch bezahlt.
VÖLKER: Helmut Zwickl hat einmal das Schlagwort von der „neuen Rasse" der Rennfahrer geprägt. Er meinte damit die Generation der Computer-Rennfahrer, die nur noch die Fähigkeit hätten, ein Maximum aus ihren Autos zu holen, dabei aber zu Spezialisten degenerieren. Du bist sicherlich zur Vielseitigkeit erzogen worden, aber jetzt bist du wahrscheinlich jahrelang nicht mehr ins Theater gekommen, hast kein Buch mehr gelesen. Stimmt das?
LAUDA: Ja, und es ist schade. Ich merke auch, daß eine gewisse Seite in mir vernachlässigt wird. Ich halte mich auf dem laufenden über Dinge, die in der Welt vorgehen, aber das ist schon ziemlich alles. Ich kann nicht noch am Abend lesen.
VÖLKER: Empfindest du das nicht als störend? Geht dir nichts ab?
LAUDA: Es ist sinnlos, darüber nachzudenken. Um vielseitig zu sein, müßte ich meinen Beruf vernachlässigen, und das könnte tödlich sein.
VÖLKER: Kann Mariella mit ihrem abgeschlossenen Kunststudium etwas von ihrer Vielseitigkeit an dich weitervermitteln?
LAUDA: Innerhalb von Grenzen, ja. Sie kann mich auf Dinge aufmerksam machen. Für mich war eine Wiese etwas Grünes, in das man mit dem Auto rausfliegen kann, und wo man sich wahrscheinlich nicht weh tut. Daß eine Wiese auch schön sein kann, darauf hat mich erst Mariella wieder aufmerksam gemacht.
VÖLKER: Wie stellst du dir die Umstände deines Rücktritts vor? Was könnte der Anlaß deines Rücktritts sein?
LAUDA: Mangelndes Interesse an diesem Sport.
VÖLKER: Ist dieser Zeitpunkt jetzt schon abzusehen?

LAUDA: Nein.
VÖLKER: Kannst du dir vorstellen, was du nach deinem Rücktritt tun würdest?
LAUDA: Ich würde nur Dinge tun, die mir Spaß machen. Fliegen zum Beispiel. Vielleicht würde ich die Fliegerei zu meinem Beruf machen. Es gibt nichts Schöneres für mich als das Fliegen. Einen Jumbo zu beherrschen, das wäre das Nonplusultra.

Technische Grundlagen

Dieser von Dr. Fritz Indra zusammengestellte Abschnitt ist eine Einführung in die technischen Gegebenheiten der Formel I und soll aufzeigen, welche Gesichtspunkte für die Konstruktion der Wagen entscheidend sind. Dem technisch nicht versierten Leser soll eine Basis zum besseren Verständnis der nachfolgenden Kapitel geschaffen werden. Im Sinn besserer Lesbarkeit dieser Einführung werden die theoretischen Zusammenhänge in stark vereinfachter Form dargestellt. Daher wird bei manchen Formulierungen auf exakte technische Ausdrucksweise zugunsten der Allgemeinverständlichkeit verzichtet. Puritaner mögen dies verzeihen.

DIE SPIELREGELN

Jeder Sport hat seine Spielregeln. Im Motorsport sind es die Reglements der FIA (Fédération Internationale de l'Automobile). Die Formel I ist sozusagen die höchste Liga und hat die wenigsten technischen Auflagen, also den größten konstruktiven Spielraum. Die Vorschriften sind (vorerst) für die Zeit von Anfang 1966 bis Ende 1977 gültig. Änderungen innerhalb dieser Zeit betrafen bisher nur Sicherheitsbestimmungen, wobei die Einschränkung der aerodynamischen Hilfsmittel („Flügel") das Bild dieses Sports am nachhaltigsten änderte.

Dies sind die wichtigsten Vorschriften, mit denen der Konstrukteur zurechtkommen muß:

- ○ Einsitziger Rennwagen mit vier Rädern;
- ○ Mindestgewicht: 575 Kilo;
- ○ Motor mit maximal 12 Zylindern und drei Liter Hubraum für handels-

übliches Superbenzin. Bei Ausnützung der drei Liter ist Aufladung (Kompressor) verboten, dies wäre nur bei Motoren bis maximal 1,5 Liter möglich, doch macht in der Praxis derzeit kein Rennstall davon Gebrauch.

- Die Karosserie darf an keiner Stelle breiter als 1400 mm sein; über den Abstand der Räder voneinander (Radstand und Spurweite) gibt es aber keine Vorschrift. Die Spoiler (Flügel) dürfen an keiner Stelle breiter als 1100 mm sein, was von allen Konstrukteuren bis zum letzten Millimeter ausgenützt wird.
- Maximale Tankkapazität: 250 Liter, die auf mehrere Behälter aufzuteilen sind (maximal 80 Liter pro Behälter).

Am genauesten sind die Sportgesetze[1], wenn es um den Schutz von Öl- und Kraftstoffbehältern geht.

WORAUF ES BEIM RENNWAGEN ANKOMMT

Alle in der Formel I verwendeten Motoren sind einander in der Summe ihrer Eigenschaften ziemlich ebenbürtig. Für die Formel I kommen derzeit fünf Motoren in Frage: Der seit Jahren dominierende Achtzylinder von Ford-Cosworth und die Zwölfzylinder von Ferrari, Alfa Romeo, BRM und Matra. Da alle diese Motoren, wenn sie sauber entwickelt, gebaut und eingestellt sind, in der Höchstleistung nur wenig differieren (475 bis 500 PS), spielt sich der technische Wettkampf mehr auf dem Gebiet des Fahr*verhaltens* als der Fahr*leistung* ab. Daher stellen wir die Kriterien für das Fahrverhalten an den Beginn dieser technischen Einführung.

Wir müssen ausgehen von der Berührung zwischen Auto und Fahrbahn, das ist jene kleine Fläche, auf der die Reifen mit der Straße Kontakt haben. Nur über diese Flächen kann das Auto zum Laufen kommen. Da wir es ja mit keiner Verzahnung zu tun haben, ist eine Übertragung von Kräften nur durch Reibung möglich — je griffiger die Reibpartner und je größer die Kraft ist, mit der sie gegeneinander gedrückt werden, um so größere Kräfte können übertragen werden.

Über den Reifen werden nicht nur der Vortrieb, sondern auch Brems- und Fliehkräfte übertragen — natürlich unter den gleichen Gesetzen der Reibung. Beansprucht man die Reibung vollkommen in einer Richtung (zum Beispiel Bremsen mit blockiertem Rad), sind alle anderen Richtungen blockiert, also:

[1] Der genaue Wortlaut der Bestimmungen ist nachzulesen im FIA-Handbuch, Motorbuch Verlag, Stuttgart.

Der Reifen kann keine anderen Kräfte mehr aufnehmen, das Auto ist nicht mehr lenkbar. Normalerweise hat man es mit kombinierter Beanspruchung zu tun: Längs- und Seitenkräfte überlagern einander. Je nach Anforderung (Geradeaus- oder Kurvenfahrt) tritt die eine oder die andere Komponente stärker auf: Auf Geraden werden fast ausschließlich Längskräfte übertragen; Seitenkräfte gibt es nur bei Seitenwind oder Fahrbahnunebenheiten. Für die Kurvenfahrt kann man nicht die volle Seitenreibung in Anspruch nehmen, weil man zur Erhaltung einer gewissen Geschwindigkeit und zur Möglichkeit des Herausbeschleunigens auch Längskräfte braucht.

WIE SCHNELL DURCH DIE KURVE?

Das Kurvenfahren gehört zweifellos zu den wichtigsten Kriterien, die über die Fähigkeiten eines Rennautos entscheiden. Wir wollen daher jene Maßnahmen durchdenken, die der Konstrukteur treffen muß, um für diesen Bereich optimale Voraussetzungen zu schaffen.
Ausgangspunkt ist der Reifen-Fahrbahn-Kontakt, von dem wir gesagt haben: Je griffiger die Reibpartner sind und je größer deren gegeneinander ausgeübte Kraft ist, um so größere Kräfte können übertragen werden.
Zuerst zu den „Reibpartnern": Die Straßenoberfläche mit besserer oder schlechterer Griffigkeit ist eine gegebene Größe und für alle gleich. Welche Kräfte ein Reifen auf gegebener Fahrbahn aufnehmen kann, wird durch den Reibungsbeiwert ausgedrückt.

Reibungsbeiwert

Der Reibungsbeiwert ergibt sich aus der Beschaffenheit des Reifens (Konstruktion, Profil, Gummimischung, Luftdruck, Aufstandsbreite, Felgenbreite, Durchmesser), seiner Erwärmung und der Abrollgeschwindigkeit. Die maximale rechnerische Größe für diesen Beiwert liegt für Formel-I-Reifen heute bei 1,4. In der Praxis bedeutet dies, daß mit solchen Reifen Beschleunigungswerte übertragen werden können, die das 1,4fache der Erdbeschleunigung ausmachen. Zur Illustration: Wesentlich höhere Reibungsbeiwerte lassen sich bei extremen Spezialreifen erreichen, wie sie beispielsweise im amerikanischen Drag Racing verwendet werden. Ein Dragster-Reifen, der ganz kurzlebig sein darf und Kräfte fast nur in Längsrichtung übertragen muß, kann ein entsprechendes Fahrzeug mit dem Dreifachen der Erdbeschleunigung vom Start katapultieren. Und das ist das Zehnfache der Beschleunigungsfähigkeit eines sportlichen Straßenautos.

Schräglaufwinkel

Der optimale Reibungsbeiwert kann nur dann erreicht werden, wenn die Richtung des Reifens eine gewisse Abweichung zur Fahrtrichtung hat. Der dabei gebildete Winkel wird Schräglaufwinkel genannt. Bei Geradeausfahrt ist der Schräglaufwinkel theoretisch null (durch Vorspur und eventuellen Seitenwind kommen aber doch minimale Werte zustande). Schon beim normalen Kurvenfahren folgt das Auto nicht exakt den eingeschlagenen Rädern, sondern schiebt unmerklich nach außen. Daher müssen die Vorderräder — ebenso unmerklich — verstärkt eingeschlagen werden, um der Kurve folgen zu können. Der Schräglaufwinkel ergibt sich somit aus dem Unterschied zwischen der Richtung der Räder (auch Hinterräder!) und der Fahrtrichtung. Das bekannte Unter- bzw. Übersteuern läßt sich durch diese beiden Schräglaufwinkel (vorn und hinten) ausdrücken: Ist der Winkel an der Vorderachse größer als an der Hinterachse, handelt es sich um Untersteuern.
Werden beim normalen Autofahren große Schräglaufwinkel nie oder nur selten in Anspruch genommen, so besteht die Kunst beim Bewegen von Rennautos darin, bei Kurvenfahrt immer mit jenen Schräglaufwinkeln zu fahren, bei denen die maximalen Reibkräfte auftreten. Beim Überziehen dieser optimalen Winkel tritt wieder ein Abfall der Reibkräfte ein. Dies erklärt, warum ein zu quer gefahrenes Auto zwar sehr spektakulär aussieht, aber nicht optimal schnell bewegt wird.
Diese optimalen Schräglaufwinkel sind beispielsweise bei Gürtelreifen für Tourenwagen groß (etwa 10 bis 15°), bei den breiten Formel-I-Rennreifen nur etwa die Hälfte. Daher driften richtig bewegte Tourenwagen stärker als richtig bewegte Formel-I-Autos. Erinnern wir uns an die eingangs getroffene Feststellung, daß die aufnehmbaren Kräfte von der Beschaffenheit der Reibpartner (Reibungsbeiwert) und der Kraft, mit der sie gegeneinander wirken, abhängen. Diese senkrecht nach unten wirkende Kraft nennt man Radlast.

Radlast

Die Radlast ist statisch bestimmt durch die Schwerpunktlage und das Gesamtgewicht des Fahrzeugs. Bei heutigen Formel-I-Autos beträgt die Gewichtsverteilung vorne/hinten etwa 40/60, das heißt 20 % des Gesamtgewichts entfallen auf ein Vorderrad, 30 % auf ein Hinterrad. Dies gilt nur für das stehende Auto. Sobald es sich bewegt, werden die statischen Radlasten durch dynamische Einflüsse überlagert, etwa durch das Beschleunigen (mehr Radlast nach hinten) oder durch Bremsen (mehr Radlast nach vorn) oder durch Kurvenfahren (mehr Radlast nach außen). Bei diesen Verschiebungen bleibt die Summe der Radlasten immer gleich — sie wird erst verändert durch die Aerodynamik des Fahrzeugs. Damit sind wir bei der Bedeutung der aerodynamischen Hilfsmittel (Flügel), die die Anpreßkraft des Reifens auf die Fahrbahn erhöhen. Wie sehr es sich auswirkt, wenn ein Auto stark nach unten gedrückt oder gar gezogen wird, wird aus dem Beispiel der kleinen Slot-Racing-Spielzeugautos deutlich. Hier kam ein findiger Kopf auf die Idee, versteckt im Auto einen starken Magnet zu installieren, der eine Kraft zu den Schienen ausübte, somit die Anpreßkraft erhöhte und auf Anhieb verblüffende Kurvengeschwindigkeiten ermöglichte. Die Flügel erhöhen die Radlasten derart stark, daß ein Auto ohne diese Hilfsmittel in einem heutigen Grand-Prix-Rennen völlig chancenlos wäre. Die Kehrseite liegt allerdings in einem zusätzlichen Gefahrenmoment: Bricht ein Flügel oder dessen Halterung, kann das Auto oft mit seiner momentanen Geschwindigkeit nicht fertig werden und gerät außer Kontrolle.

In der Praxis werden die Theorien über die Beschaffenheit der aerodynami-

Reifenkennlinie

Auf die Vorderachse eines Rennwagens mögen 200 kp Achslast entfallen, das heißt 100 kp Radlast auf jeder Seite. Das Diagramm zeigt, daß dann jeder Reifen für sich 150 kp Seitenkraft aufnehmen kann — also insgesamt kann die Vorderachse 300 kp Seitenkraft bewältigen. Wird hingegen die gesamte Achslast auf *ein* Rad verlagert (nämlich wenn das kurveninnere Rad abhebt und auf das äußere somit 200 kp entfallen), sieht man, daß die Seitenkraft nur noch 250 kp beträgt, man also nicht mehr imstande ist, so schnell um die Ecke zu fahren.

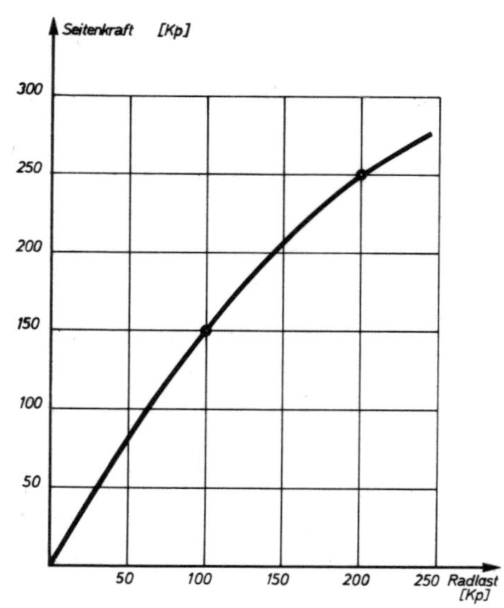

schen Hilfsmittel (vordere Schnauze und Heckflügel) recht unterschiedlich ausgelegt. (Siehe Fotos ab Seite 38.)
Radlast und Reibkraft stehen zueinander in einem nicht-linearen Verhältnis, das für alle Fahrwerksfragen von grundlegender Bedeutung ist. Das Schaubild dieses Verhältnisses nennt man Reifenkennlinie, deren prinzipieller Verlauf in unserem Diagramm dargestellt ist.

Stabilisator

Mit Hilfe des Stabilisators kann man — innerhalb gewisser Grenzen — Radlastverschiebungen auf rasche Art durchführen. Jedes Formel-I-Auto hat je einen Stabilisator für die Hinter- und Vorderachse. Der Stabi ist ein Torsionsstab, der im Wagenkörper in unmittelbarer Nähe der jeweiligen Achse parallel zu ihr liegt. Er ist in seinen beiden Befestigungspunkten, die im Chassis möglichst weit außen liegen, drehbar gelagert. Betätigt wird er durch zwei Hebelarme, die über Reaktionsstäbe mit bewegten Teilen der Radaufhängung verbunden sind. Dem Torsionsstab werden auf diese Art Ein- oder Ausfederbewegungen der Räder mitgeteilt. Sind diese Bewegungen links und rechts gleich groß (Überfahren einer querliegenden Bodenwelle), ist der Stabilisator unwirksam — es werden ja auch keine Radlasten verschoben. Seine Wirkung setzt ein bei Wagenkasten-Querneigung oder bei einseitigem Ein- oder Ausfedern. Die Wirkung liegt darin, daß der Stabi bei diesen Bewegungen verdreht wird. Je nach Dicke des Stabilisators (austauschbar) und nach Länge der Betätigungsarme (verstellbar) setzt er diesem Verdrehen mehr oder weniger Widerstand entgegen. Durch diese Variationen können gewollte Radlastverschiebungen vorgenommen werden, die auf das Fahrverhalten Einfluß nehmen.
Wir wollen diese Beeinflussungsmöglichkeit via Stabilisator am Beispiel des Untersteuerns erklären.
Ein untersteuerndes Auto schiebt ja bekanntlich über die Vorderräder zum Kurvenaußenrand, es ist kurvenunwillig, oder: Die Vorderachse nimmt im Vergleich zur Hinterachse zuwenig Seitenkräfte auf. Um diesen Mißstand zu beheben, gibt es zwei Möglichkeiten: Man vergrößert die Seitenkraft der Vorderachse oder man verkleinert die Seitenkraft der Hinterachse. Man macht also folgendes: Durch Weicherstellen des vorderen Stabilisators vermittelt man dem kurveninneren Rad mehr Radlast (das heißt: Durch den weicheren Stabi wird dieses Rad nicht mehr so stark entlastet wie zuvor. Dadurch ist es imstande, mehr Seitenkräfte aufzunehmen). Logischerweise vermindert sich dabei die Last auf das kurvenäußere Rad. In Summe gesehen wird aber anhand

des Diagramms der Reifenkennlinie klar, daß die Achse insgesamt mehr Seitenkräfte aufnehmen kann und damit das Fahrzeug seine Untersteuerungstendenz abbaut. Das ist aber nicht der einzige Grund für die Veränderung des Fahrverhaltens. Das Weicherstellen des vorderen Stabilisators bewirkt eine Torsion, die sich durch den Wagenkasten zieht und somit auch auf den hinteren Stabi wirkt. Dabei wird dieser hintere Stabi stärker verdreht und die Radlast innen verringert und außen vergrößert — insgesamt wird also Seitenkraft an der Hinterachse abgebaut. Geringere hintere Seitenkraft vermindert das Untersteuern ebenso wie stärkere vordere Seitenkraft.
Dieser Doppeleffekt käme nur dann *voll* zum Tragen, wenn man ein *absolut* verwindungssteifes Auto hätte. Das ist natürlich nicht möglich, denn bekanntlich sind ja alle Stoffe mehr oder weniger elastisch, es ist also nicht einzusehen, warum gerade ein Rennwagen absolut steif sein sollte. Der Konstrukteur muß aber versuchen, unter Einhaltung des Gesamtgewichts das Auto so steif wie irgend möglich zu bauen. Gerade hier zeigt sich, daß ein Monocoque (Schale) günstiger ist als ein Rahmen. Anhand der Erfahrung, wie gut ein Auto auf einen Stabilisator reagiert, kann man Rückschlüsse auf die Steifheit des Wagens ziehen. Selbstverständlich könnte man einem Auto auch ohne Stabilisator zu einem neutralen Fahrverhalten verhelfen, indem man einfach die vorderen und hinteren Fahrwerksfedern zueinander in ein anderes Verhältnis setzt. Durch Verhärten der Federn insgesamt kann man auch die Seitenneigung verringern. Neben dem geringen Gewichtsvorteil durch Wegfall der Stabilisatoren handelt man sich dabei aber einige Nachteile ein. Bei einem Auto ohne Stabilisator müssen die Federn insgesamt härter sein als bei einem Wagen mit Stabi, wenn beide bei Kurvenfahrt gleich stark „rollen" (sich neigen) sollen. Das Auto wird dadurch insgesamt härter und kann Bodenwellen nicht mehr so gut schlucken — das Auto neigt zum Springen. Wenn auch nur für ganz kurze Zeit geht dabei der Bodenkontakt verloren, und man kann daher schlechter bremsen, beschleunigen oder in Kurven fahren. Der Stabilisator erlaubt es also, bei einer insgesamt weicheren Grundfederung die Wagenkasten-Querneigung („Rollen") unter Kontrolle zu bringen.
Der Stabilisator ist auch Mitwirkender in einem Wechselspiel, das in der speziellen Art der Formel-I-Radaufhängungen begründet ist.

Warum Querlenker?

An allen Formel-I-Autos wird nur eine einzige Art von Radaufhängung verwendet: Die unabhängige Aufhängung an doppelten Querlenkern sowohl

vorne als auch hinten. Diese Konstruktion ist zweifellos ein guter Kompromiß zwischen Gewicht (ungefederter Masse), konstruktivem Aufwand und brauchbarem Ergebnis.
Diese Art der Aufhängung stammt noch aus einer Zeit, als wesentlich schmälere Reifen verwendet wurden — ganz einfach deshalb, weil die enormen Reifenentwicklungskosten den Aufwand nicht wert zu sein schienen. Die heute verwendeten breiten Reifen (die größere Beschleunigungs-, Brems- und Seitenkräfte aufnehmen können) bringen Unzulänglichkeiten des Systems viel deutlicher heraus.
Gegen die Querlenker-Aufhängung spricht, daß die Stellung des Rades zur Fahrbahn (= der Sturz) bei gleichseitigem und/oder wechselseitigem Ein- und/oder Ausfedern verändert wird. (Sturz = Null bedeutet, daß die Achse des Rades parallel zur Fahrbahn steht; Sturz positiv bedeutet O-Beine, Sturz negativ X-Beine.)
Der Sturz des Rades hat einen wesentlichen Einfluß auf die Fahreigenschaften des Autos, insbesonders dann, wenn er sich während der Fahrt ändert. Diese Änderungen fallen um so stärker ins Gewicht, je breiter die Reifen sind. Im Prinzip gilt: Mehr Sturz = mehr Seitenkraft, aber mehr Reifentemperatur an der Innenseite und damit erhöhter Verschleiß. Aus diesem Grund erlauben vor allem die sehr breiten Hinterreifen nur noch Sturzwerte von maximal 20 Minuten negativ. Optimal wäre es, diesen Wert unter allen Bedingungen (gleich- oder wechselseitiges Ein- oder Ausfedern) beizubehalten, man würde dann von Sturzkonstanz sprechen. Dies ist aber nur möglich bei Starrachsen, die vom konstruktiven Konzept her nicht in Frage kommen[1]. Die ganz spezielle Starrachsvariante nach De-Dion[2] ist die einzige Alternative zu den bisher verwendeten Sturz-variablen Konstruktionen: Derart geführte Räder behalten immer Sturzkonstanz und sind prinzipiell in der Formel I denkbar; Ferrari begann auch zur Jahresmitte 1975 mit entsprechenden Entwicklungen[3].

[1] Zu hohes Gesamtgewicht durch den stabilen und großvolumigen Achsträger, zu hohe ungefederte Massen (Achskörper plus Differential), lange Bauweise durch Notwendigkeit einer Kardanwelle.

[2] Die De-Dion-Achse ist zwar schwerer als die Querlenker-Achse, aber bei weitem nicht so schwer wie eine normale Starrachse. Das Differential ist fest mit Motor und Getriebe verbunden, die seitliche Kraftübertragung zu den Rädern erfolgt wie bei den Querlenkern über Gelenkwellen.

[3] Voraussetzung dafür war das T-Getriebe. Erst die platzsparende Art des Quereinbaus ermöglicht die vernünftige Unterbringung des Verbindungselements zwischen den beiden Radträgern. Diese Verbindung kann entweder durch das bekannte De-Dion-Rohr oder durch eine steife Strebenkonstruktion zustande kommen.

Einstweilen jedoch begnügt man sich mit Querlenkern und muß daher mit variablem Sturz leben.

Sturzveränderungen

Federn die Räder einer Achse auf beiden Seiten gleich weit ein, verändert sich der Sturz beider Räder in Richtung Negativ. Federn die Räder einer Achse ungleich weit ein oder aus (Kurvenfahrt, also Wagenkasten-Querneigung), verändert sich der Sturz des wichtigen — weil stärker belasteten — kurvenäußeren Rades gegen Positiv, der Sturz des unwichtigen kurveninneren Rades gegen Negativ. Das Ausmaß dieser Änderungen läßt sich beeinflussen durch die Stellung bzw. die Längen der Querlenker. Eine Optimierung für beide Fälle (also gleich- und wechselseitiges Federn) ist nicht möglich, es kann immer nur ein Kompromiß geschlossen werden. Als Beispiel: Wird darauf Wert gelegt, daß sich der Sturz der Räder bei gleichseitigem Federn nicht verändert, müssen die Querlenker gleich lang sein und parallel liegen (Parallelogramm-Führung). Sehr ungünstig ist dieser Fall aber bei Kurvenfahrt, weil sich die volle Wagenkasten-Querneigung (ca. 3 Grad) auf beide Räder überträgt. In der Praxis legt man eher Wert darauf, daß sich die Stellung des wichtigen kurvenäußeren Rades bei Kurvenfahrt nur wenig verändert, nimmt dafür aber in Kauf, daß bei gleichseitigem Federn (etwa Springen) stärkere Sturzänderungen auftreten.
Bei der gegebenen Achskonstruktion kann man sich über die Federhärte der Räder durch folgendes Wechselspiel helfen (man muß dabei bedenken, daß die Veränderung des Sturzes an den Vorder- oder ganz besonders an den breiten Hinterrädern um den Bruchteil eines Grades schon genügt, um den Charakter des Wagens zu beeinflussen):

1. Man federt das Auto möglichst hart — geringe Ein- und Ausfederbewegungen bringen nur kleine Veränderungen am Sturz, das Auto wird aber bockig und springt bei Unebenheiten.
2. Man stabilisiert das Auto möglichst hart — geringe Seitenneigung in Kurven, also auch wenig Sturzveränderung, aber das Fahrzeug vermittelt wenig Fahrbahnkontakt und Kurvengefühl.

Dieses „Hartmachen“ des Autos ist eine rasche Möglichkeit, zu starke Sturzveränderungen unter Kontrolle zu bekommen. Um die beschriebenen Nachteile zu vermeiden, muß man tiefgreifende Änderungen an der Radgeometrie (Längenvariationen der Querlenker bzw. Verschiebung der Anlenkpunkte) vornehmen.

Das Bild (Lauda, Ferrari B 3, Watkins Glen 1974) veranschaulicht die Dynamik eines an der Grenze bewegten Grand-Prix-Wagens. Daß es sich um eine Rechtskurve handelt, erkennt man an der Wagenkastenquerneigung von 3 Grad. Die Räder auf der linken Wagenseite sind um 8 cm weiter eingefedert als die rechten. Obwohl das Fahrzeug vorne stark „stabilisiert" ist, was man am abhebenden kurveninneren Rad erkennt, ist das Fahrverhalten übersteuernd (Vorderräder mit Gegeneinschlag). Durch die hohen Seitenkräfte sind die Reifen auf den kurvenäußeren Rädern seitlich auf der Felge verschoben (besonders gut erkennbar am linken Hinterrad: Die Lauffläche ist nicht mehr in der Mitte der Felge). Die Ansicht von vorn macht den Größenunterschied von Vorder- und Hinterreifen deutlich, sie zeigt auch, wie groß der Anteil von Lufthutze und hinterem Flügel an der Querschnittsfläche des Fahrzeugs ist.

Heckflügel-Variationen

Saison 1975

Ferrari

Brabham

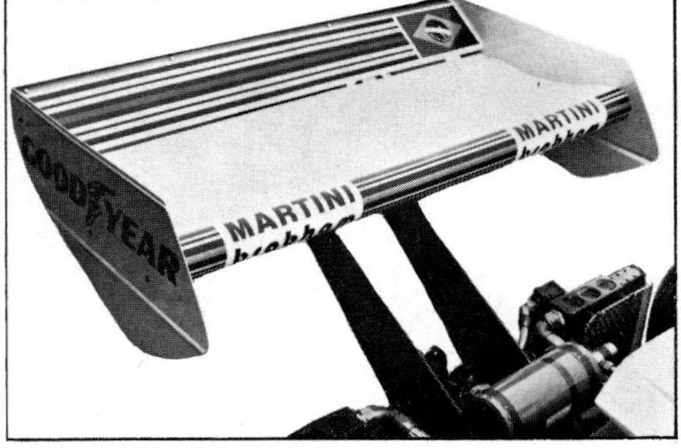

March

Tyrrell

Parnelli

McLaren

Shadow

BRM

Surtees

Schnauzen

Saison 1975

Shadow

Surtees

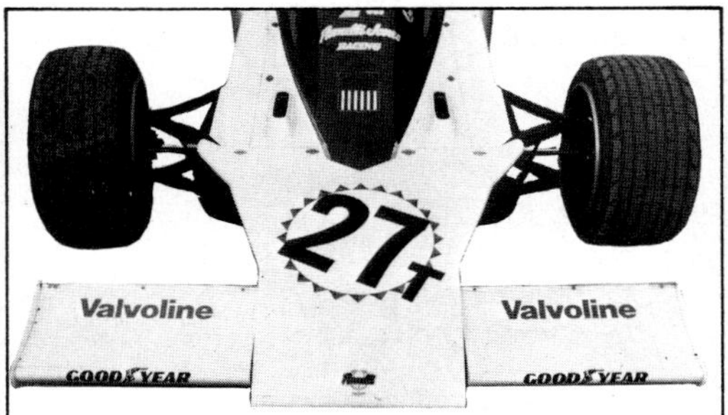

Parnelli

Lotus

Brabham

Ensign

March

Penske

Hesketh

Motor-Lufthutzen

Saison 1975

Lotus

Tyrrell

Shadow

Hesketh

Surtees

Parnelli

Hill

BRM

Ensign

Copersucar

McLaren

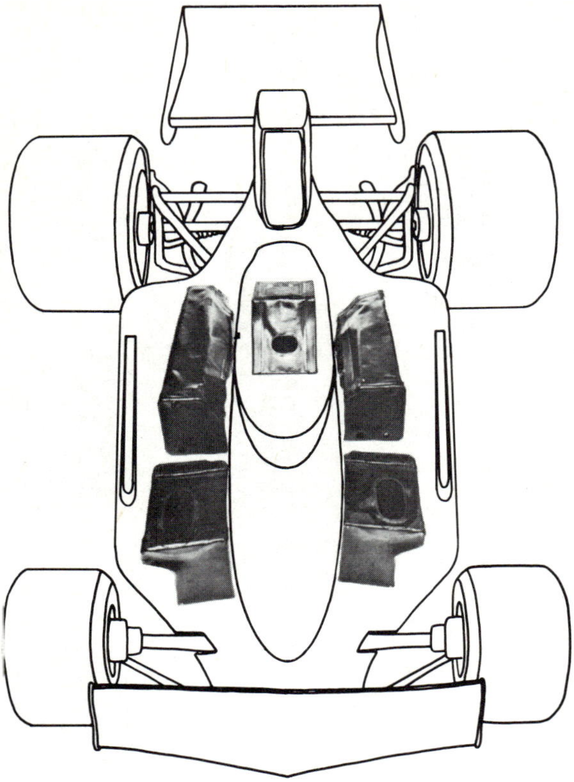

Beispiel einer Anordnung von Benzintanks anhand des alten Ferrari 312 B 3, wobei das Volumen von fast 250 Liter auf fünf Tanks aufgeteilt wurde.

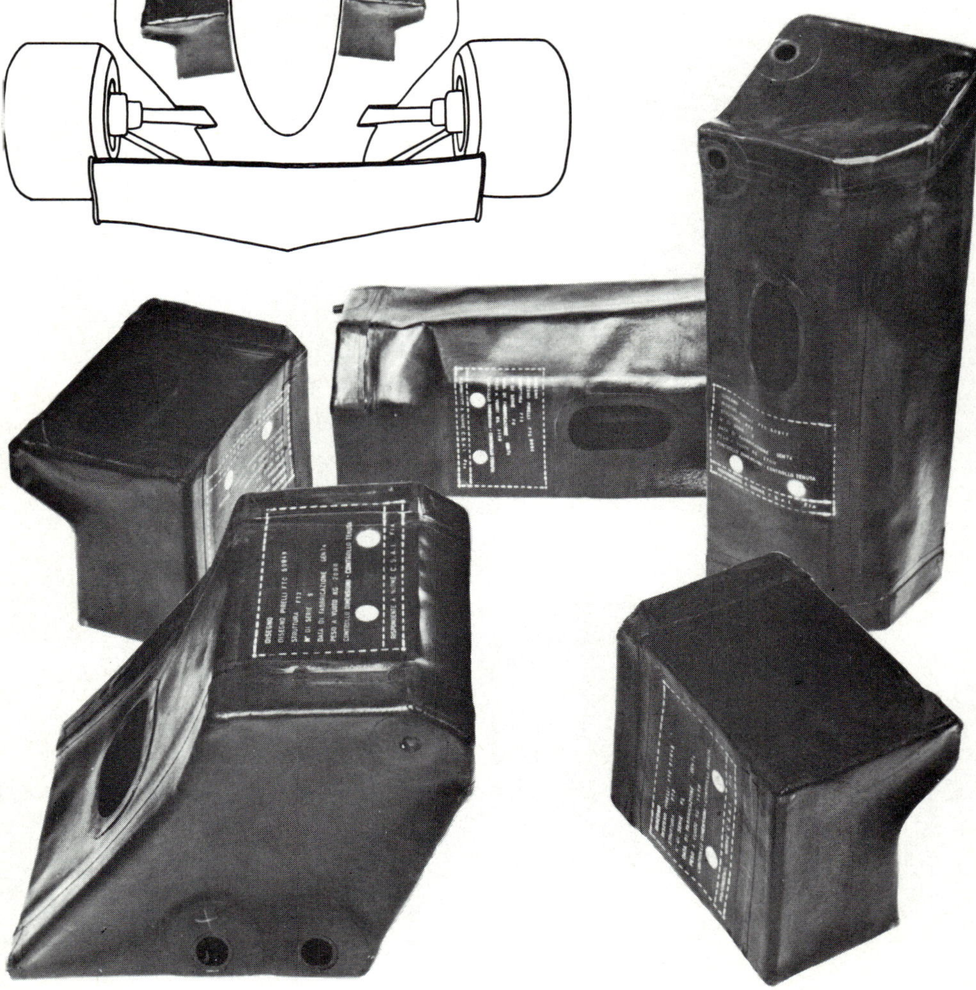

Rollachse

Stellung und Länge der Querlenker bestimmen einen der wesentlichsten Begriffe im Fahrzeugbau, das Momentanzentrum. Es ist jener Punkt, um den sich der Wagenkasten bei Angriff von Seitenkräften neigt. Dieser Punkt (also das Momentanzentrum) verschiebt sich dauernd in kleinen Grenzen, ist also in jedem Moment von der Stellung der Querlenker abhängig.
Das Momentanzentrum ist in zwei Dimensionen fixiert: In Längsrichtung in Wagenmitte und in Querrichtung in Achsmitte.
Diese beiden Ebenen ergeben eine senkrechte Schnittlinie, die an der Hinterachse durch das Differential läuft — bleibt als dritte Dimension die Höhe. Wie hoch oder tief (auch unter der Fahrbahn) das Momentanzentrum liegt und wie stark es sich beim Federn in der Höhe verschiebt, charakterisiert die Auslegung der Achskonstruktion.
Die gedachte Verbindung der Momentanzentren von Vorder- und Hinterachse ist die Rollachse. Sie verläuft nicht parallel zur Straßenoberfläche — in der Praxis der heute gängigen Konstruktionen ist sie nach vorne geneigt, was bedeutet, daß das vordere Momentanzentrum tief liegt (meist unter der Fahrbahn), das hintere etwas höher[1] (etwa in Fahrbahnebene oder knapp darüber). Der Fachmann erkennt schon durch einen Blick auf die Querlenker, ob das jeweilige Momentanzentrum hoch oder niedrig liegt. Dies wird am besten aus den beiden Skizzen auf der nächsten Seite deutlich.
Die verschiedenen Auslegungen der Querlenker (und damit Höhen der Momentanzentren) haben heute in der Praxis des Rennsports nur sehr geringen Spielraum, man findet an allen Autos gleichartige Lösungen — es geht also nur um Nuancen.

Wechselspiele

Rekapitulieren wir: Sturzänderungen sind unvermeidlich, man will sie aber so gering wie möglich halten. Wie immer man es tut: Man muß entweder an der Federung, am Momentanzentrum oder an der Seitenneigung basteln. Bei der Federung ist nicht viel zu holen, also muß der gegen die Seitenneigung wirkende Stabilisator her. Er wird zum Mittelpunkt aller Instrumente zur Beeinflussung des Fahrverhaltens. Je härter man den Stabilisator einstellt, um

[1] Der Grund dafür: Die breiten Hinterräder reagieren heikler auf Sturzveränderungen als die Vorderräder. Mit dem relativ höheren hinteren Momentanzentrum vermindert man die Sturzveränderung an der Hinterachse bei Kurvenfahrt.

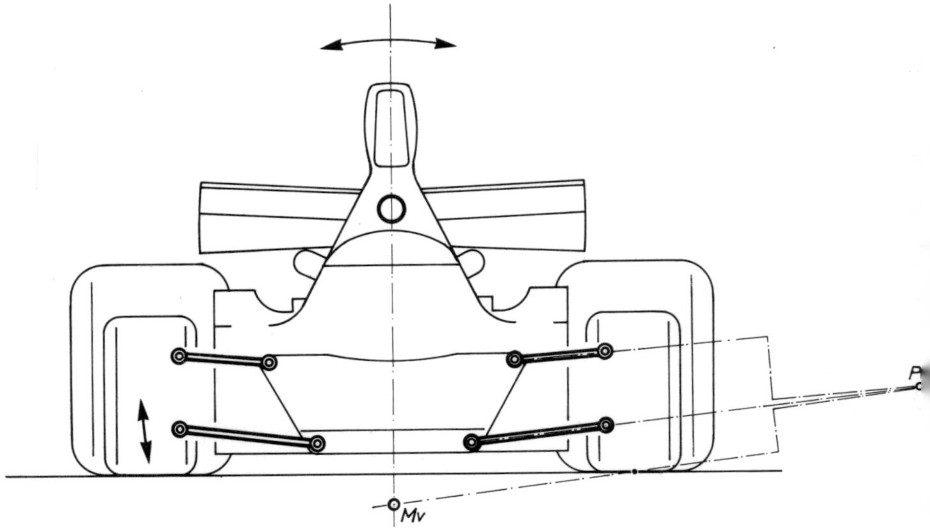

Die Verlängerungen der beiden linken Querlenker schneiden einander im Pol P_V. Um diesen Punkt bewegt sich das linke Vorderrad beim Federn. Wird P_V mit dem Radaufstandspunkt verbunden, erhält man in Wagenmitte das Momentanzentrum M_V. Um diesen Punkt neigt sich der Wagenkasten bei Kurvenfahrt.

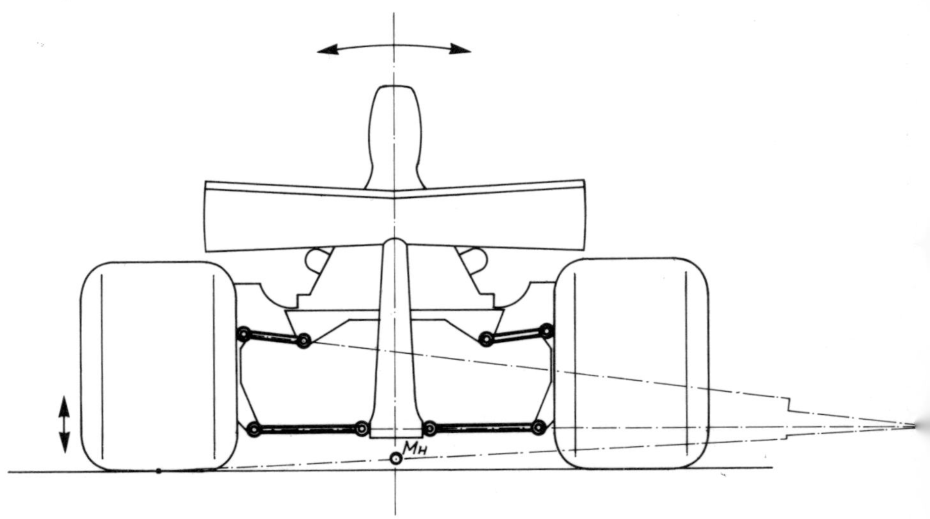

Die Verlängerungen der beiden linken Querlenker schneiden einander im Pol P_H. Um diesen Punkt bewegt sich das linke Hinterrad beim Federn. Wird der P_H mit dem Radaufstandspunkt verbunden, erhält man in Wagenmitte das Momentanzentrum M_H. Es ist jener Punkt, um den sich der Wagenkörper bei Kurvenfahrt neigt.

so geringer die Seitenneigung, um so geringer auch die unerwünschte Sturzveränderung. Dabei geht aber wieder das Gefühl des Piloten für das Fahren verloren. Die Stabilisatoren müssen also so eingestellt werden, daß noch ein gutes Gefühl fürs Fahren übrigbleibt, ohne daß allzu starke Sturzveränderungen unangenehm werden.
Die Wechselwirkung von Stabi und Sturz in drei Beispielen:
Besonders „sensibel" ist ein Fahrwerk dann, wenn eine Stabi-Verstellung durch die damit hervorgerufene Sturzänderung (über die Seitenneigung) in ihrer Wirkung unterstützt wird, die beiden Tendenzen also gleichlaufend sind. Dies ist der optimale Fall, man hat ein einfach und schnell abzustimmendes Fahrwerk, von dem man keine Überraschungen fürchten muß.
Die zweite Möglichkeit ist, daß die Wirkungen von Stabi und Sturz einander aufheben. Das Auto läßt sich mit einfachen Methoden nicht vernünftig abstimmen, man muß tiefer greifende Änderungen an der Radgeometrie vornehmen.
Noch schlimmer ist Variante 3, wenn der Einfluß der Sturzänderung stärker ist als der des Stabilisators, dann reagiert das Auto nämlich „verkehrt" auf den Stabi. Beispiel: Auto übersteuert. Man hilft sich normalerweise durch Weicherstellung des hinteren Stabilisators, in diesem Fall aber erreicht man mit Weicherstellen das Gegenteil: Über die Wirkung der Sturzänderung wird das Übersteuern noch ärger. Man hat es also mit einem ganz, ganz unangenehmen Auto zu tun.
Erinnern wir uns jetzt noch einmal daran, daß die Gründe für die Wechselwirkung Stabi — Sturz in der Seitenneigung und in der Unzulänglichkeit der Radaufhängungen liegen. Über die Radaufhängungen haben wir schon gesprochen, untersuchen wir nun, wie die Seitenneigung schon bei der Konstruktion eines Rennautos berücksichtigt werden muß.

Seitenneigung

Wie stark sich ein Auto bei Kurvenfahrt neigt, hängt von mehreren Faktoren ab:

- Größe der Fliehkraft (die man sich immer im Schwerpunkt angreifend denken muß);
- Abstand des Autoschwerpunkts zur Rollachse (dieser Abstand ist der Hebelarm, an dem die Fliehkraft wirkt);
- Stabilisatoren und Fahrwerksfedern als Gegenkomponenten;
- Rückwirkung der Räder über die Aufhängung auf den Wagenkasten.

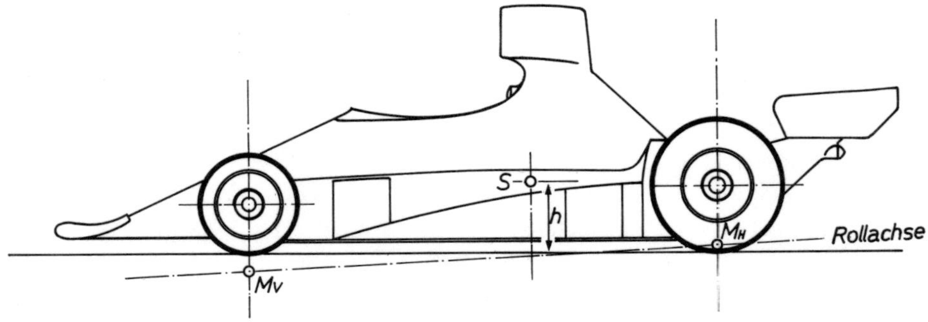

Die Verbindung des vorderen und hinteren Momentanzentrums ergibt die Rollachse. Bei Auftreten von Fliehkräften beginnt sich der Wagenkasten um diese gedachte Verbindung zu neigen. Die Fliehkräfte denkt man sich im Schwerpunkt S angreifend. Für die Größe der Seitenneigung sind das Moment Fliehkraft mal Abstand Schwerpunkt / Rollachse und als Gegenkomponente Federhärte und Stabilisatorhärte maßgebend.

Verkleinert man den Hebelarm (= Verringerung der Distanz zwischen Rollachse und Schwerpunkt), wird die Seitenneigung des Wagens geringer. Im Grenzfall, wenn die Rollachse genau durch den Schwerpunkt läuft, was man durch Hochlegen der Momentanzentren ohne weiteres erreichen könnte[1], neigt sich das Auto überhaupt nicht mehr. Etwas ganz Kurioses läßt sich erreichen, wenn man die Rollachse über den Schwerpunkt legt: Dann neigt sich nämlich das Auto nicht mehr nach außen, sondern nach innen (der Fahrer sitzt wie im Topferl eines Ringelspiels). Das Lachen bei diesem Scherz würde einem rasch vergehen: Die hohen Momentanzentren würden bei gleichzeitigem Ein- oder Ausfedern eines Räderpaars zu derartigen Sturzänderungen[2] führen, daß die Reifen einmal auf der Außenschulter, im nächsten Moment aber auf dem Innenrand laufen würden — das Auto würde verrückt spielen.
Dieses Höherlegen der Rollachse ist natürlich nur theoretische Spinnerei; zielführender ist es, den Schwerpunkt des Autos der (tief liegenden) Rollachse anzunähern, also den Schwerpunkt so tief wie möglich zu setzen. Damit erreicht man auf praktikable Art, daß der Fliehkrafthebel kleiner, also auch die Seitenneigung geringer wird. Wir haben aber schon festgehalten, daß man ein gewisses Maß an Seitenneigung braucht, um ein gutes Fahrgefühl zu haben,

[1] Durch Änderung der Querlenker-Stellungen. Die Querlenker müßten nach innen ansteigen.
[2] Natürlich bringt das auch Spuränderungen mit sich. Und das ist auch nichts Gutes.

um gefühlvoll Autofahren zu können. Dieses gewisse Maß gewünschter Seitenneigung holt man sich entweder über eine weichere Grundfederung oder über weichere Stabilisatoren.
Das Tiefsetzen des Schwerpunkts ist aber nicht nur für die Seitenneigung bedeutend. Damit kommen wir zu einem Aspekt, der das A und O des Rennwagenbauens ausmacht.

Schwerpunkthöhe

Die enorme Bedeutung der Schwerpunkthöhe für die Konstruktion eines Rennautos hängt mit den Radlastverschiebungen zusammen. Man muß sich wieder die Fliehkraft im Schwerpunkt angreifend denken. Die Größe dieser Fliehkraft, zusammen mit dem Abstand des Schwerpunkts zur Straßenoberfläche, ist maßgebend für die Radlaständerungen. Das gilt sowohl in Seiten- als auch in Längsrichtung.
Die Vorteile eines tiefen Schwerpunkts sind (zuzüglich zur bereits behandelten Seitenneigung-Verringerung):

- ○ Je tiefer der Schwerpunkt, desto weniger verlagert sich bei Kurvenfahrt die Radlast von innen nach außen ... erinnern Sie sich bitte an das Reifendiagramm, aus dem hervorgeht, daß eine möglichst gleichmäßige Aufteilung der Radlasten das Optimum ist.
- ○ Je tiefer der Schwerpunkt, um so weniger verlagert sich beim Bremsen die Radlast von hinten nach vorn. Wieder im Sinn von möglichst gleichmäßiger Aufteilung erreicht man dadurch bessere Bremswirkung — man kann die Hinterräder verstärkt zum Mitbremsen heranziehen. Bei hohem Schwerpunkt würde — vereinfacht gesagt — das Gewicht nach vorn rutschen und fast alle Bremsarbeit müßte an den Vorderrädern geleistet werden, weil die „erleichterten" Hinterräder nur wenig Bremskraft übertragen können.
- ○ Der tiefe Schwerpunkt hat auch einen Nachteil, der allerdings nicht schwer ins Gewicht fällt: Beim Beschleunigen aus dem Stillstand oder aus niedrigen Geschwindigkeiten wird die Gewichtsverlagerung auf die Hinterräder vermindert. Zum Unterschied vom Bremsen, bei dem man alle vier Räder zum „Arbeiten" bringen will, wäre es für optimales Beschleunigen günstig, möglichst viel Gewicht (Radlasten) auf die Antriebsräder, also auf die Hinterachse, zu bringen. Hätte man Vierradantrieb, wäre der tiefe Schwerpunkt auch beim Beschleunigen wieder ein Vorteil.

Betreiben wir nun ein theoretisches Spielchen: Käme der Schwerpunkt auf die Ebene der Fahrbahn zu liegen, würden Kurvenfahren, Bremsen und Beschleunigen zu keinen Radlaständerungen führen[1], das heißt, die statische Gewichtsaufteilung würde immer erhalten bleiben. Dieser Zustand würde bedeuten: optimale Kurvenfahrt, optimales Bremsen, mittlere Beschleunigungswerte. Selbstverständlich ist dies bei einem Auto, das ja nicht *in* der Straße, sondern *auf* der Straße fährt, nicht möglich ... das Beispiel sollte nur die Tendenz aufzeigen: Je tiefer der Schwerpunkt, desto schneller kann man um Kurven fahren und desto besser kann man bremsen. Der Zusammenhang ist linear. Beispiel: Wird der Schwerpunkt um die Hälfte abgesenkt, ist die durch die Fliehkraft bedingte Gewichtsverlagerung von innen nach außen nur noch halb so groß. Die inneren Räder können verstärkt mittragen, die Seitenführung insgesamt wird größer. Natürlich kann man den Schwerpunkt eines Autos gegenüber den Konkurrenzfabrikaten nicht um die Hälfte tiefer setzen, aber es genügen ja schon wenige Zentimeter, um bessere Voraussetzungen zu schaffen.

Motorschwerpunkt

Der Ferrari 312 T ist ein gutes Beispiel für konsequentes Arbeiten in Richtung tiefer Schwerpunkt. Zunächst ist schon einmal der Schwerpunkt des Ferrari-Motors optimal tief, weil — bedingt durch die V-180-Grad-Bauweise — schwergewichtige Bauteile tief zu liegen kommen. Beginnend von der Auspuffanlage über die Zylinderköpfe mit ihren Nockenwellen, Kolben und Pleueln — all diese Teile liegen tiefer als beim Ford-Cosworth-Achtzylinder. Durch die um die Kurbelwelle symmetrische Bauweise kommt der Schwerpunkt des Ferrari-Motors genau in die Kurbelwellenmitte zu liegen. Die asymmetrischen Bauteile, wie Zündverteiler, Einspritzanlage (oben) und Auspuffanlage (unten), dürften einander etwa die Waage halten. Der Ford-Motor kann zwar, bezogen auf die Kurbelwelle, etwas tiefer eingebaut werden, weil ja der ganze Motorblock samt Auspuff und Zylinderköpfen nach oben ragt, aber trotzdem dürften etwa fünf Zentimeter Schwerpunktgewinn — vom Motor her! — für den Ferrari netto übrigbleiben.

Über den Schwerpunkt des Autos entscheidet natürlich nicht nur der Motorschwerpunkt, die Maschine macht ja nur etwa ein Viertel des Gesamtgewichts aus. Wesentliche Beiträge leisten auch noch Getriebe, Wasserkühler, Ölkühler, Batterie und natürlich der Rumpf schlechthin.

[1] Reibkräfte können nur in der Straßenoberfläche übertragen werden. Da im angenommenen Fall auch die Fliehkraft in Ebene der Straßenoberfläche angreifen würde, wäre kein Hebelarm gegeben, der Radlaständerungen übertragen könnte.

Chassis-Schwerpunkt

Bleiben wir beim Beispiel des Ferrari 312 T. Bei der Gestaltung des Rumpfes wurden ganz einleuchtende Überlegungen zugrunde gelegt, dennoch unterscheidet man sich — positiv — von der Konkurrenz. Gehen wir davon aus, daß Breite und Querschnittfläche gegeben sind (die Breite durch das Sportgesetz = maximal 1400 mm; die Fläche durch die Tatsache, daß man ja ein gewisses Minimum braucht, um Fahrer und Benzin unterzubringen — die

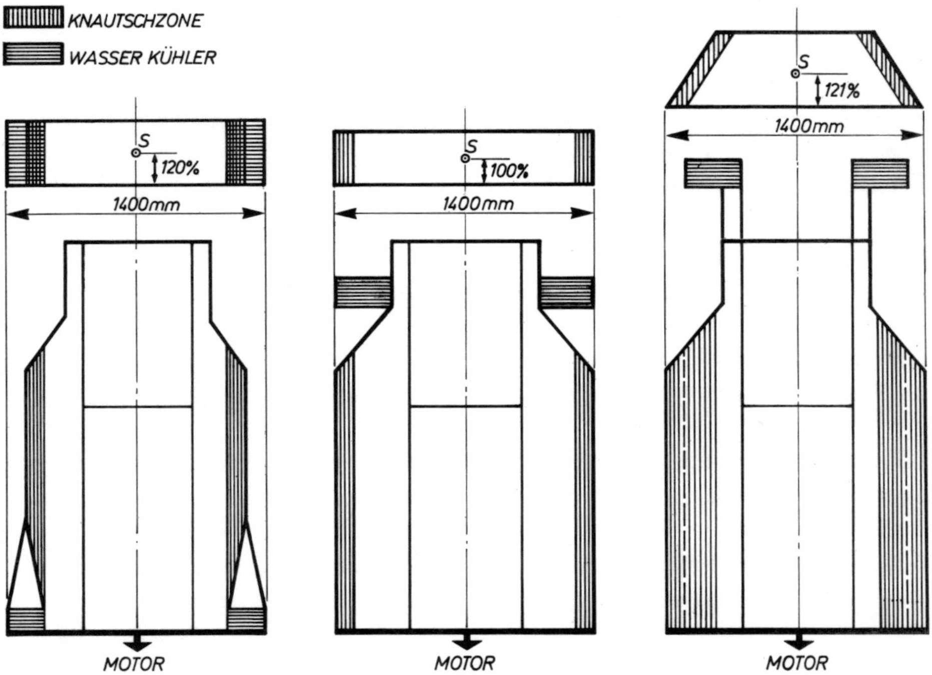

Schwerpunkthöhe bei verschiedenen Monocoque-Querschnitten bei gegebener Breite und gleichem Volumen bei gegebener Länge. Der prinzipielle Vorteil des Rechtecks gegenüber dem Trapez ist geometrisch klar ersichtlich. Von den beiden Rechtecken entspricht das linke dem üblichen Schema im Formel-I-Bau: schlanker Rumpf mit seitlichen Wasserkühlern. Da diese Wasserkühler nicht über die gesamte Länge des Fahrzeugs gehen, verschenkt man Volumen, das über vergrößerte Bauhöhe hereingeholt werden muß. Konstruktiv ideal ist die Ferrari-Lösung (mittlere Skizze): Die Maximalbreite wird über fast die ganze Wagenlänge ausgenützt, bei gleichem Volumen kann man niedriger bauen und erreicht damit die tiefstmögliche Schwerpunktlage.

Länge stellen wir vorerst zurück, nehmen also gleiche Radstände an). Bei gegebener Breite und gegebener Fläche bleibt die Variation der Form offen. Im Sinn des günstigsten Schwerpunkts muß diese optimale Form des Rumpfquerschnitts ein Rechteck sein. Der Beweis folgt durch die Skizze: Beim Trapez liegt der Schwerpunkt um 21% höher als beim Rechteck. Auch auf dieser Skizze (genauso wie in der Praxis) könnte die optische Täuschung entstehen, daß der Trapezschwerpunkt (Brabham, BRM) günstiger liegt als der des Rechtecks (Ferrari) — tatsächlich ist aber Ferrari auf dem richtigen Weg. Um diese von Ferrari als richtig erkannte Lösung konsequent durchzuziehen, mußten die im vorherigen Auto seitlich angeordneten Kühler nun im Bereich der vorderen Radaufhängungen untergebracht werden.
Ferraris Konstruktion ist damit auch jenen anderen Wagen überlegen, die ebenfalls einen Rechteckquerschnitt haben. Ferrari nützt diesen Querschnitt über einen Großteil der Wagenlänge, Lotus und andere nützen diesen optimalen Querschnitt aber nur im Bereich der hinten beidseitig außen angeordneten Kühler. Dadurch wird Platz in der Breite verschenkt, der in der Höhe geholt werden muß — ungünstig für einen tiefen Schwerpunkt. Dieser Unterschied gibt dem Ferrari auch das flunderhafte Aussehen. Natürlich hatten Lotus, Tyrrell und so weiter auch ein starkes Motiv, als sie seinerzeit den schlanken Rumpf mit den aufgesetzten seitlichen „Verdickungen" der Kühler wählten: Man schätzte die Strömungsgünstigkeit eines schmalen Rumpfs wichtiger als einen tiefen Schwerpunkt.
Bis jetzt sind wir von gleichen Fahrzeuglängen ausgegangen. Man kann aber auch sie variieren: Je länger das Auto, desto flacher wird das Trapez oder Rechteck — desto tiefer der Schwerpunkt. Da Überhänge aus einleuchtenden Gründen nicht in Frage kommen, muß größere Länge auch vergrößerten Radstand bedeuten. Diesen Weg geht UOP-Shadow mit recht gutem Erfolg. Die Nachteile von Autos mit längerem Radstand sind bekannt: Schlechtes Handling bei rascher Kurvenfolge.
Kurz wieder einmal sammeln: Bis jetzt haben wir die Bedeutung von Gewichtsverteilung, Schwerpunkthöhe, Rumpfsteifigkeit und der Radaufhängungen behandelt. Daneben gibt es noch einige andere Kriterien, unter denen man heute Formel-I-Autos sehen muß.

GESAMTGEWICHT

Obwohl das Limit (durch das Sportgesetz) von 575 kg gar nicht so tief liegt, erreichen nur wenige Autos diesen Idealwert. Konstruktiv ist es deshalb schwierig, weil im Laufe der Zeit durch die Sicherheitsbestimmungen immer mehr „gewichtige" Auflagen gemacht wurden. Mit einem Achtzylindermotor läßt sich das Limit natürlich leichter erreichen als mit einem Zwölfzylinder, man kann den gewichtsmäßigen Unterschied mit rund 25 kp einsetzen. Um etwa dieses 25-kp-Handikap liegt Ferrari über dem Limit, dementsprechend stark versucht man abzumagern. Bei einem Leistungsgewicht von 1,2 kp/PS ist einleuchtend, daß jedes einzelne Kilo eine Rolle spielt.

RADSTAND UND SPURWEITE

Im Prinzip gilt: Je kleiner, schmäler und kürzer das Auto, desto handlicher und damit ist es besser geeignet für die neue Art der Rennstrecken (eckiger, mehr Schikanen). Eine schmälere *Spur* bringt aerodynamische Vorteile, weil die Räder teilweise durch Karosserieteile (hinten) oder Flügel (vorne) abgedeckt werden können. Auch die Anströmfläche (Querschnittfläche) des gesamten Autos wird durch eine geringere Spur kleiner. Nachteilig wirkt sich die kleine Spurweite auf die maximalen Kurvengeschwindigkeiten aus, weil die Gewichtsverlagerung auf die kurvenäußeren Räder größer ist als bei Autos mit breiterer Spur[1].

Nun zum *Radstand.* Der kurze Radstand macht ein Auto zwar handlicher, setzt aber — wie zuvor beschrieben — den Schwerpunkt hinauf. Auf Grund der konsequenten Flächenausnützung konnte sich Ferrari einen extrem kurzen Radstand (2500 mm) leisten, das sind fast schon Formel-II-Werte trotz des langen Zwölfzylindermotors.

BENZINTANKS

Die Anordnung der Tanks hat starken Einfluß auf das Fahrverhalten. Die Tanks sollten idealerweise so um den Schwerpunkt liegen, daß die Gewichtsverteilung vorn/hinten und rechts/links immer gleich bleibt, egal ob die Tanks voll oder fast leer sind. Da es in einem Formel-I-Auto zumindest drei (unter Umständen auch fünf) Tanks gibt, sind etliche Variationsmöglichkeiten der Unterbringung gegeben.

[1] Dem durch Fliehkraft und Abstand des Schwerpunkts zur Fahrbahn gegebenen Moment, das bei Kurvenfahrt immer versucht, das Auto zu kippen, wirkt ein anderes Moment entgegen, dessen Größe gegeben ist durch Radlasten sowie deren Hebelarme (= Spurweite). Bei Verschmälerung der Spur ergibt sich eine ungünstige Erhöhung der kurvenäußeren Radlasten.

HÖCHSTGESCHWINDIGKEIT

Die aerodynamischen Hilfsmittel, deren positive Bedeutung für das Kurvenfahren wir bereits beschrieben haben, spielen auch bei der Höchstgeschwindigkeit eines Autos mit. Das Spitzentempo hängt neben Motorleistung, Luftwiderstandsbeiwert und Stirnfläche von Form und Stellung der Flügel ab. Erreichen wollen alle Konstrukteure das gleiche: Möglichst viel Anpreßdruck in den Kurven bei möglichst wenig Verlust an Höchstgeschwindigkeit[1] — man muß also einen Kompromiß eingehen. Die Ansichten über die günstigste Lösung gehen weit auseinander, teilweise muß dabei auch auf konstruktive Gegebenheiten Rücksicht genommen werden. So ließe sich beispielsweise eine Schnauze à la Tyrrell beim Ferrari 312 T gar nicht realisieren, weil sonst die Wasserkühler (knapp hinter der vorderen Radaufhängung) zuwenig Kühlluft bekämen. Bei Brabham sind die Wasserkühler gleich in der Schnauze integriert. Diese Bauweise sichert optimale Kühlwirkung, deshalb können die Kühler kleiner gehalten werden, als wenn sie seitlich am Fahrzeug angebracht wären. Der Gewichtsvorteil des Brabham-Konzepts wird durch die notwendigen langen Wasserführungen reduziert.

LUFTHUTZEN

Ein ganz eigenes Kapitel sind die Lufthutzen, die nachdrücklich das Bild der Wagen prägen. Prinzipiell hat die Hutze oder Airbox die Aufgabe, dem Motor Atemluft zuzuführen. Der Fahrtwind erzeugt Staudruck an der Airbox, Luft wird in die Ansaugtrichter gepreßt, der Motor wird „aufgeladen". Dieser Aufladeeffekt ist aber sehr gering und setzt erst jenseits von 60 km/h ein — bis dahin wird vom Motor schneller angesaugt, als vom Fahrtwind gepreßt. Bei 260 km/h beträgt der Staudruck 0,02 atü, die Motor-Mehrleistung läßt sich daraus mit 2 % = ca. 10 PS errechnen.

[1] Auf der Geraden haben die Flügel mehr Nachteile als Vorteile. Die Nachteile: Die Flügel vergrößern die Anströmfläche des Autos, erhöhen also den Luftwiderstand. Je nach Anstellwinkel der Flügel wird die anströmende Luft umgelenkt. Zerlegt man die dabei entstehende Kraft, wirkt die waagrechte Komponente als Fahrwiderstand; die senkrechte vergrößert den Anpreßdruck, wodurch sich größere Reibungswiderstände (Radlager, Reifen) ergeben. Vorteil: Dieser größere Anpreßdruck macht das Auto stabiler und gibt durch erhöhte Radlasten an den Hinterrädern bessere Beschleunigung. — Um die negativen Faktoren der Flügel in Grenzen zu halten, bedient man sich bei deren Design Erkenntnissen aus der Luftfahrt. Die Auto-Flügel werden nach der Theorie der Tragflügel ausgebildet; da sie jedoch nicht Auftrieb, sondern Abtrieb erzeugen sollen, sind sie verkehrt montiert.

Die wichtigere Aufgabe der Hutze besteht darin, dem Motor — und zwar gleichmäßig allen Zylindern — Ansaugluft mit Umgebungstemperatur zu liefern. Die Hutze verhindert, daß der Motor aufgeheizte Luft (von Bremsscheiben, Wasserkühlern, Ölkühlern, Auspuffkrümmern, Getriebe) ansaugt. Liegt die Temperatur der angesaugten Luft zum Beispiel um 20 Grad über der Umgebungstemperatur, gehen vier Prozent Leistung, also 20 PS, verloren.

Den beiden Plusseiten steht als Negativum der aerodynamische Widerstand der Hutze (auf Grund der Querschnittsvergrößerung um 3 %) entgegen.

Nach der Theorie spricht also gar nicht so umwerfend viel für die Airbox. Bei Testfahrten zeigt sich jedoch immer wieder, daß man mit Lufthutzen auf allen Grand-Prix-Strecken schneller ist als ohne.

*

Aus diesem Kapitel sollten Sie den Eindruck gewonnen haben, welch kompliziertes Spiel von Wechselwirkungen darüber entscheidet, ob ein Auto letzten Endes gut gebaut ist oder nicht. Ein neuer Kreis von Wechselspielen gibt dann den Ausschlag, ob ein bestimmtes Auto für die jeweiligen Tagesverhältnisse gut oder schlecht abgestimmt ist. Hinter dem simplen Erfolg oder Mißerfolg, den wir auf dem TV-Schirm praktisch ohne Angabe von Gründen miterleben, stehen Konzepte und Details, die in ihren vielfältigen Wirkungen auf einen Kompromiß gebracht werden müssen. An diesem Kompromiß arbeiten sie alle mit: Der Konstrukteur, die Ingenieure, die Mechaniker, der Teamchef und der Fahrer. Bis jetzt war's Theorie. Von der Praxis dieser Branche handeln die weiteren Kapitel dieses Buches.

Technische Daten eines Formel-I-Autos am Beispiel des Ferrari 312 T (Modell 1975)

Monocoque mit teilweise mittragendem Motor und querliegendem Getriebe. Seitlich in den Kastenträgern liegende Sicherheitstanks, 2 Wasserkühler hinter der Vorderachse.

Abmessungen und Gewichte

Länge über alles ca. 4500 mm (je nach Flügel), Breite über alles ca. 2100 mm, (je nach Felgenbreite), Höhe über alles 1300 mm. Radstand 2500 mm, Spurweite (v/h gleich) 1550 bis 1600 mm (je nach Felgenbreite). Gesamtgewicht (startfertig, aber ohne Benzin) 595 kg. Gewichtsverteilung v/h 40/60.

Motor

V 12 in 180 Grad, 2998 cm^3. 495 PS (DIN) bei 11 800 U/min. Zulässige Höchstdrehzahl: 12 400 U/min. Zwei obenliegende Nockenwellen pro Zylinderreihe, 4 Ventile pro Zylinder. Zentral zwischen den Ventilen angeordnete Zündkerzen. Ventilwinkel ca. 30 Grad. Zwei Ventilfedern pro Ventil. Vierfach gelagerte Kurbelwelle. Trockensumpfschmierung, Ölinhalt 8 Liter, zwei Ölkühler. Ölfilter im Hauptstrom. Mechanische Lucas-Hochdruckeinspritzung, Gasschieber. 12-V-Trockenbatterie. Zwei Wasserkühler (Gesamtinhalt 10 Liter), kein Ventilator.

Kraftübertragung

Zweischeiben-Trockenkupplung. Unsynchronisiertes Ferrari-Fünfganggetriebe in einer Einheit mit Differential (75% Sperre) mit gemeinsamer Ölkühlung durch Kühler (in Flügelstütze) und Ölpumpe. Antrieb der Räder vom Differential über homokinetische Wellen. Übersetzungen je nach Rennstrecke.

Fahrgestell, Aufhängung

Vorderachse: Doppelte Dreiecks-Querlenker, innenliegende Federbeine (Schraubenfedern, Zweirohr-Flüssigkeitsstoßdämpfer), innenliegender Stabilisator.
Hinterachse: Je zwei Querlenker, je ein Längslenker, Federbeine (wie vorne), Stabilisator.
Lenkung: Zahnstangenlenkung.
Bremsen: Vorne und hinten innenbelüftete Scheibenbremsen, vorne außenliegend, hinten innenliegend, Bremssättel mit vier Kolben, Belüftung durch vier Lufthutzen. Getrennte Bremskreise für vorn und hinten durch je einen Bremszylinder (Bremskraftverteilung über Waagebalken).
Felgen: Dreiteilig mit Zentralverschluß. Vorn 10×13 Zoll, hinten 16 der 17 oder 18×13 Zoll.
Reifen: 9,2/20,0—13 vorne, 16,2/26,0—13 hinten. Luftdruck vorn 1,1 atü, hinten 1,2 atü.

Die Teile des Formel-I-Autos und wie ich damit lebe

MONOCOQUE UND COCKPIT

Monocoque (wörtlich „... aus einer Schale“) hat sich als Bauweise für Formel-I-Chassis endgültig und ohne Ausnahme gegenüber Rohrrahmenkonstruktionen durchgesetzt. Im Monocoque sind dünne Bleche (und nicht einzelne Rohre) die tragenden Teile des Fahrgestells, die Bleche sind meist über Winkel miteinander vernietet. Diese Bauweise erlaubt bei gleichem Gesamtgewicht

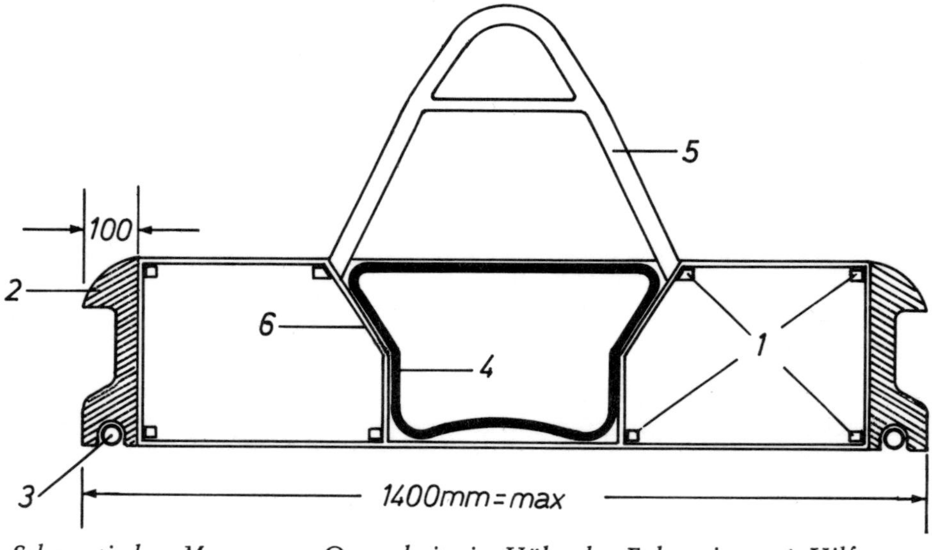

Schematischer Monocoque-Querschnitt in Höhe des Fahrersitzes. 1 Hilfsrahmen, 2 Knautschzone, 3 Rücklaufwasserrohre, 4 Sitzschale, 5 Überrollbügel, 6 Raum für Sicherheitstanks

gegenüber dem Rohrrahmen eine wesentlich höhere Steifigkeit und optimales Ausnützen des Raums für Tanks und Sicherheitsvorrichtungen. Die höhere Festigkeit ergibt natürlich auch besseren Unfallschutz.

Im Querschnitt gesehen, sitzt der Fahrer zwischen zwei Kastenträgern, die durch Trägerplatten für die Radaufhängung (vorn) und den Motoranschluß (hinten) abgeschlossen werden. In den Innenräumen der Kastenträger hat man genügend Platz, um die Tanks ordentlich unterzubringen, denn es handelt sich um glatte Hohlräume, die nicht durch ein Gewirr von Rohrverstrebungen unterteilt sind.

Normalerweise wird dieser Körper aus Einzel-Aluminiumteilen zusammengesetzt, bei Ferrari hat man aber ganz spezielle Ansichten über ein Monocoque. Es wird zunächst aus Vierkant-Stahlprofilen ein richtiger Rahmen (allerdings ohne Diagonalverstrebungen) zusammengeschweißt, der das Gerippe für das Monocoque ergibt. Erst darauf werden die Alu-Platten aufgenietet — das Monocoque bei Ferrari ist also genaugenommen eine Kombination von Rohrrahmen und Schalenbau. Vor- und Nachteile sind klar: Höhere Steifigkeit und höhere Sicherheit gegenüber Mehrgewicht und Mehrkosten.

Links und rechts wird das Monocoque im Bereich der Tanks durch zehn Zentimeter starke Knautschzonen ummantelt. Das sind ausgeschäumte Sandwichkonstruktionen, die trotz leichter Bauweise viel Energie vernichten können — die diesbezüglichen Vorschriften sind sehr genau präzisiert, auf Grund unterschiedlicher Auslegungen ist es aber ein recht problematischer Kautschukparagraph.

Bei Ferrari schließt das Monocoque vorn mit einem komplizierten Magnesiumgußteil ab, der für viele Funktionen herhalten muß: Drin sitzen die beiden Bremszylinder, Stoßdämpfer und Federn, die Anlenkpunkte der Radaufhängung und der Stabilisator. Bei anderen Firmen geht es auch etwas weniger aufwendig, indem der vordere Monocoque-Abschluß durch ein oder zwei Aluminiumplatten erfolgt.

Das hintere Abschlußelement verbindet Monocoque und Motor, der auch tragende Funktionen hat. Bei manchen Wagen hängen an der Abschlußplatte auch die Unibalgelenke[1] für die hinteren Längslenker.

Bei gleichem Gewicht ist jenes Monocoque das beste, das am verwindungs- und biegesteifsten ist, weil jede Verformung des Chassis zu einer Verschlech-

[1] Unibalgelenk: Das Universalgelenk in jedem Formel-Auto. Es ist spiel- und wartungsfrei und kann Kräfte über Aufhängungsteile, die sich naturgemäß bewegen, in die Karosserie einleiten. Da diese Bewegungsabläufe kompliziert sind und in verschiedenen Richtungen erfolgen, muß dieses Kugelgelenk — zumindest in einem gewissen Bereich — nach allen Richtungen bewegbar sein.

terung der Fahreigenschaften führt. Je steifer ein Auto ist, desto besser spricht es beispielsweise auf die Stabilisatoren an.
Bei all diesem Streben nach Steifigkeit ist klar, daß der mittlere, also offene Teil des Monocoques — dort, wo der Fahrer sitzt — der wundeste Punkt ist. Dieser offene Raum soll also möglichst klein gehalten werden, daher ist der Fußraum des Fahrers nach obenhin wieder verschlossen. Eine Querstrebe unterhalb der Armaturen (= etwa über den Knien des Fahrers) stützt die beiden Kastenprofile gegeneinander ab. An Steifigkeit kann man nicht genug kriegen: Da der Überrollbügel sowohl nach vorn als auch nach hinten durch Streben abgestützt wird, leistet auch er einen Beitrag zur Durchbiegesteifigkeit, außerdem versteifen einfache Rohrkonstruktionen den Übergangsraum der Motor-Getriebe-Einheit zum Monocoque.
Vom Reglement her ist eine Maximalbreite vorgeschrieben, die praktisch jeder Konstrukteur ausnützt, trotzdem ergeben sich erstaunliche Unterschiede in der Form der einzelnen Monocoques. Diese Formen sind teilweise aufgezwungen durch konstruktive Gegebenheiten (Wasser-, Ölkühler, Länge des Fahrzeugs), die eine optimale Lösung in bezug auf Schwerpunktlage verhindern. Die frühere Bauart, den Rumpf schmal zu halten, ist klar überholt: Zugunsten eines möglichst tiefen Schwerpunkts baut man bei Neukonstruktionen möglichst flach und breit und verzichtet auf — ohnedies zweifelhafte — aerodynamische Vorteile eines schlanken Rumpfs.
Ein weiterer Aspekt der Monocoque-Konstruktion ist die Lage der Treibstofftanks in bezug auf den Schwerpunkt des Fahrzeugs. Die Entwicklung hat gezeigt, daß die Veränderung des Schwerpunkts durch mehr oder weniger gefüllte Tanks erheblichen Einfluß auf das Fahrverhalten nimmt. Man muß daher versuchen, die Tanks so anzubringen, daß der Schwerpunkt des Fahrzeugs möglichst unabhängig von der jeweils vorhandenen Benzinmenge an derselben Stelle bleibt. Nur so kann das im Training gefundene Fahrverhalten über die ganze Grand-Prix-Distanz einigermaßen gleichartig erhalten bleiben.

MEIN ARBEITSPLATZ

Mein Lebensraum im Auto ist natürlich auf ein Minimum beschränkt, trotzdem sitze ich bequem und entspannt und kann alle Bedienungselemente ohne Akrobatik erreichen und die Instrumente gut überblicken. Günstig, daß Clay Regazzoni und ich die gleiche Statur haben, so können wir Autos tauschen, ohne irgendwelche Anpassungen vornehmen zu müssen. Die Sitzschale wird

Die strichlierte Linie zeigt die Umrisse des Monocoques. Bei abgenommenen Verkleidungen läßt sich erkennen, wie der Fußraum zwischen den beiden Kastenträgern durch versteifende Elemente abgedeckt ist

Traumplatz für Fans und Rennfahrer: Cockpit des Ferrari 312 T. Die einzige Warnlampe — zwischen Drehzahlmesser und Manometer — zeigt durch grelles Aufleuchten (rot) zu niedrigen Öldruck an. Das kleine Instrument, das rechts unten in einem Ausschnitt der Sitzschale zu sehen ist, zeigt, ob die Füllung der Feuerlöschflasche (unter der Kniebeuge des Fahrers) ausreichend ist. Für ganz genaue Beobachter: Unter der linken Lenkradspeiche ist die eingeschlagene Fahrgestellnummer 022 erkennbar. Damit gewann ich die Daily-Express-Trophy in Silverstone gegen Fittipaldi.

Die Luftflasche für die Notbeatmung nach einem Unfall hängt an einer Querstrebe des Überrollbügels. Der auf dem Bild herunterhängende Schlauch wird später an ein Röhrchen im Sturzhelm angesteckt. Die beiden Pfeile zeigen auf die Austrittsöffnungen für das Halongas (Feuerlöschung), die auf den Fahrer gerichtet sind.

Verbindung zwischen Notbeatmungs-Luftflasche und Sturzhelm durch einen feuerfesten Schlauch. Das seitlich aus dem Sturzhelm ragende Röhrchen wird im weiteren Verlauf bis vor den Mund des Fahrers geführt.

Der elektrische Hauptschalter, der normalerweise händisch bedient wird, liegt rechts in der Flügelstütze nahe der Batterie, um Kabellänge zu sparen. Der darunterliegende Zylinder enthält die Sprengkapsel, die nach Bedienung des Rettungsschalters losgeht.

Der Sechspunktgurt

Ohne Mechaniker läßt sich das Anschnallen nicht bewerkstelligen — als Fahrer ist man zu sehr beengt.

ein für allemal auf den Fahrer abgestimmt — klar, daß ein Hans-Joachim Stuck im Ferrari mit der Nummer 12 keinen Platz hätte.
Ich bin sehr pitzelig, was Kleinigkeiten am Arbeitsplatz betrifft. Haargenau richtige Positionen der Pedale, der Fußstütze, des Lenkrads und des Schalthebels sind absolutes Muß — sonst kann ich einfach nicht konzentriert fahren. Der Fahrer darf nicht durch Kleinigkeiten irritiert werden. Ein Beispiel, daß sich aber trotz aller Sorgfalt Fehler einschleichen können: Bei meiner Siegesfahrt im Grand Prix von Monaco 1975 störte mich ein Roßhaar ganz fürchterlich. Es stand aus der linken Kniepolsterung hervor und war so steif, daß es sich sogar durch den Overall bohrte und mich in jeder Rechtskurve stach. Gegen derartiges ist man völlig hilflos: In angeschnalltem Zustand könnte man das Knie gar nicht erreichen, zweitens hätte man keine Zeit zu dieser Bewegung, drittens wären die dicken Handschuhe hinderlich.
Beherrschendes Instrument ist der Drehzahlmesser. Die Skala reicht von 4000 bis 14 000 U/min. Die Nadel zeigt kontinuierlich an, macht also nicht die kleinen Sprünge, wie man sie von den meisten Drehzahlmessern in Sportautos gewöhnt ist. Dennoch gibt es bei unserem Drehzahlmesser kein Pendeln des Zeigers, der sich auch von raschen Drehzahländerungen und von den starken Vibrationen, wie sie vom starr befestigten Motor auf das ganze Fahrzeug übertragen werden, nicht beeindrucken läßt.
In den Ferraris gibt es keinen Spion (Schleppzeiger, der auf der höchsten erreichten Drehzahl stehenbleibt und somit Fahrersünden verrät). Dafür haben wir einen elektronischen Drehzahlbegrenzer, der durch eine kleine Stellschraube auf jede beliebige Drehzahl justiert werden kann. Nähert man sich dem eingestellten Limit, beginnt der Motor leicht auszusetzen, da zunächst nur vereinzelt Zündimpulse weggenommen werden. Wählt man dann nicht den höheren Gang, werden immer mehr Zündimpulse weggenommen — jeweils so viele, daß die Motorleistung zur Beibehaltung der Geschwindigkeit ausreicht. Das ist insbesondere bei Befahren von Kurven im Bereich dieser Drehzahlgrenze äußerst wichtig, da nur so eine einwandfreie Fahrkontrolle möglich ist. Drehzahlbegrenzer, die bei Erreichen des Tourenlimits den Zündstrom kurzzeitig abschalten und 200 U/min tiefer wieder kommen lassen, haben sich nicht bewährt, da durch schlagartiges Wegbleiben des Motors heikle Situationen entstehen können. Bei meinem Auto ist der Begrenzer auf 12 400 bis 12 500 U/min eingestellt. Ich versuche natürlich, diese Grenze nicht zu erreichen, da durch die Zündaussetzer Leistung verlorengeht, die man bei rechtzeitigem Gangwechsel gut gebrauchen könnte. Für alle Fälle ist im Cockpit ein Kippschalter zum Ausschalten des Begrenzers. Es kann nämlich der Fall eintreten, daß im Rennen andere Windverhältnisse herrschen als beim

letzten Training, so daß man trotz unverändertem Auto plötzlich um 200 bis 300 U/min im fünften Gang höher dreht. Das kann auch im Windschatten auf langen Geraden passieren. In solchen Fällen wird man nicht zuschauen, wie einem die Gegner wegfahren, sondern den Begrenzer ausschalten, um die um etwa 15 km/h schnellere Endgeschwindigkeit auszunützen. Der Motor übersteht's gerade noch. Außerdem ist der Kippschalter deshalb nötig, weil elektronische Drehzahlbegrenzer empfindliche Bauteile sind, die manchmal spinnen und dann schon bei 10 000 oder noch weiter unten abzuregeln beginnen.

Die Anzeigen für den Benzindruck im Einspritzsystem und den Öldruck im Motor sind in einem Kombi-Instrument rechts neben dem Tourenzähler zusammengefaßt. Zur besseren Unterscheidung ist der Benzinanzeiger weiß, der Ölzeiger rot. Die Skala für den Benzindruck reicht von 4 bis 14 kp/cm², der Normalwert ist 12. Interessant, daß die Autos zwei Benzinpumpen haben, eine mechanische, die vom Motor angetrieben wird, und eine vom Bordnetz gespeiste elektrische. Aus zwei Gründen: Man will vermeiden, daß bei stillstehendem Motor — etwa nach einem Unfall — weiter Benzin über eine elektrische Pumpe gefördert wird. Daher darf die elektrische Pumpe über einen federbelasteten Schalter nur während des Anlaßvorgangs betätigt werden, um den für die Einspritzanlage notwendigen Benzindruck herzustellen. Nach dem Anspringen wird durch Loslassen des Schalters die elektrische Pumpe ausgeschaltet, die Versorgung wird durch die mechanische Pumpe übernommen, die ja nun vom Motor angetrieben wird. Unangenehm kann das dann werden, wenn die Motordrehzahl unter 4000 U/min abfällt, weil die mechanische Pumpe dann nicht mehr in der Lage ist, den notwendigen Benzindruck sicherzustellen. Zu diesen niedrigen Drehzahlen kann es bei einem Dreher oder aber bei einem Regenrennen kommen, weil man hier zur besseren Dosierung manchmal untertourig fährt. In diesen Fällen hilft nur neuerliches Einschalten der elektrischen Benzinpumpe, um den Motor nicht absterben zu lassen.

Ein weiterer Grund für das Vorhandensein zweier Benzinpumpen liegt in der hohen Stromaufnahme der elektrischen Pumpe, mit der man das Bordnetz und die ohnedies klein bemessene Batterie nur kurzzeitig belasten will.

Die Anzeige des Öldruckmessers reicht von 0 bis 15 kp/cm². Hat das Öl die richtige Betriebstemperatur erreicht und wird das Fahrzeug rennmäßig bewegt, pendelt der Zeiger zwischen 8 und 9. Im Leerlauf und bei niedrigen Drehzahlen fällt der Druck bis auf 2 kp/cm² ab. Da der Öldruck auch von der Öltemperatur abhängig ist, kann an einem heißen Renntag infolge der nachlassenden Ölviskosität der Druck ruhig ein bis zwei Einheiten absinken.

Ebenfalls in einem Kombi-Instrument zusammengefaßt sind die Anzeigen für Öl- und Wassertemperatur (links vom Drehzahlmesser). Der rote Zeiger für Öl und der weiße für Wasser haben das gleiche Zentrum, sind am Anschlag also deckungsgleich. Daher gibt es auch nur eine Skala, die von 40 bis 130 Grad reicht. Da das Wasser-Kühlsystem unter Druck steht, sind Wassertemperaturen bis 110 Grad ohne Kochen möglich. Unter normalen Bedingungen liegt die Wassertemperatur bei 95 Grad, die Öltemperatur darf 120 Grad nicht überschreiten. Rekordtemperaturen, über deren Höhe ich mich lieber ausschweige, erreichte ich 1974 in Monza infolge einer losen Wasserschlauchverbindung, kurz danach kam das Aus. Da die Ferrari-Motoren ziemlich hitzeempfindlich sind — mehr darüber im Motor-Kapitel — erfreut sich das Thermometer an heißen Renntagen besonderen Interesses.
Die Schalter des Ferrari-Cockpits: Kippschalter für Rücklicht (bei Regen und Nebel), Kippschalter für Drehzahlbegrenzer — beide rechts neben dem Manometer, ein Druckknopf zum Starten, ein Druckschalter für die elektrische Benzinpumpe — beide links neben dem Thermometer. Dort ist auch ein Schalter (durch rote Klappe abgesichert), der im Ernstfall Leben retten kann. Bei dessen Betätigung passiert folgendes gleichzeitig: Der Hauptfeuerlöscher geht durch eine Sprengkapsel los und besprüht das gesamte Cockpit, den Fahrer und die Benzintanks mit Halongas, der Motorfeuerlöscher wird ausgelöst, die Luftflasche zur Notbeatmung des Fahrers wird durch eine Sprengkapsel geöffnet (ein Schlauch führt zum Sturzhelm, von dort ein Röhrchen zum Mund, während jeder Fahrt angeschlossen), ebenfalls durch eine Sprengkapsel wird der Batterie-Hauptschalter (unten hinten an der Flügelabstützung in Batterienähe) ausgeschaltet.
Den prominentesten Platz hat der sogenannte „kill switch", der Zündschalter, der auf der rechten Lenkradspeiche sitzt. Er ist deshalb so griffgünstig angebracht, damit man bei Steckenbleiben der Gasschieber auf Vollgas die Zündung blitzartig ausschalten kann. Ein erhöhter Lederring in Lenkradmitte verhindert unbeabsichtigtes Betätigen des Schalters. Die Aus-Stellung ist unübersehbar gekennzeichnet, so daß auch bei verdrehtem Lenkrad keine Verwechslung möglich ist.
Das Anschnallen in einem Formel-I-Auto ist eine große Affäre, weil unsere Sechspunkt-Gurten wegen ihrer Kompliziertheit nicht vom Fahrer selbst angelegt werden können. So würde etwa ein einfacher Hosenträgergurt (4-Punkt) nicht reichen, weil bei einer Frontalkollision der (stark nach hinten geneigte) Körper unter dem Beckengurt durchrutschen würde. Man mußte also dieses Nach-unten-Durchrutschen verhindern, indem man zwei zusätzliche Befestigungspunkte unterhalb des Schrittes anbrachte. Von dort führen zwei weitere

Gurtteile zunächst gemeinsam nach oben und dann von innen nach außen um die Oberschenkel, gehen durch je eine Schlaufe des eigentlichen Beckengurtes nach innen zum Gurtschloß, das genau auf den Bauch zu liegen kommt. Dieses ist ein Drehschloß: Beim Verdrehen des Zentralhebels fallen fünf Gurtteile lose aus dem Schloß heraus. Versuche mit einem Druckknopf verliefen negativ, weil die Bauchgegend auf Druck stark nachgibt und daher einwandfreies Öffnen nicht sichergestellt ist.
Die Platzverhältnisse im Cockpit sind so beengt, daß an ein selbständiges Anschnallen nicht zu denken ist. So werden dazu immer zwei Mechaniker benötigt, die links und rechts neben dem Auto stehen und die nötigen Handgriffe vornehmen.
Wenn man einmal mit dem Auto an der Strecke stehenbleiben muß, um eine Funktion zu überprüfen oder einen kleinen Schaden selbst zu beheben, sich also abschnallt, muß man anschließend langsam zur Box fahren, um sich wieder anschnallen zu lassen. Würde man dies nicht tun, wäre es wohl die gröbste Mißachtung allen Sicherheitsdenkens.
Auf keinen Fall darf der Gurt so stramm sitzen, daß er irgendwo Druckstellen erzeugt oder gar die einwandfreie Durchblutung der Beine behindert, so daß diese gefühllos werden und einschlafen.
Aus eigenem kann ich nur jene beiden Gurtteile in der Länge verstellen, die über die Schulter kommen. Durch Lösen bzw. Strammziehen der beiden Schnellspannvorrichtungen kann man die gesamte Vorspannung kontrollieren, so daß Gurt, Sitz und Fahrer zusammenpassen.
Soll noch einer sagen, daß Formel-I-Autos spartanisch sind: Wir haben sogar eine integrierte Kopfstütze. Sie ist allerdings nicht zum Anlehnen bestimmt, sondern soll bei einer Heckkollision den Kopf mit dem schweren Sturzhelm abfangen und Halswirbelverletzungen verhindern. Solchen einfachen und billigen Sicherheitsbestimmungen wird heute meiner Meinung nach bei den Nachwuchsformeln zu wenig Beachtung geschenkt.

Ausrüstung des Fahrers

Korrekte Kleidung ist selbstverständlich: Unterwäsche und Overall sind aus feuerabweisendem Material, natürlich müssen die Kleidungsstücke einander überlappen. So müssen beispielsweise die Handschuhe so lang sein, daß sie den Overall 15 cm überdecken. Das Mundtuch muß oben bis zu den Augen reichen und unten in den Anzug gesteckt werden — dem Feuer soll so wenig Angriffsfläche geboten werden wie irgend möglich.

Seit neuestem sind die Visiere aus 3 mm starkem Plexiglas, um Gesichts- und Augenverletzungen bei Steinschlag zu vermeiden. Um das Gehör zu schonen, stopfen heute alle Rennfahrer Oropax (Wachswatte) in die Ohren. Dieser Gehörschutz dämpft vor allem die hochfrequenten Töne, also den Motorlärm, während man sich mit anderen Leuten noch ordentlich verständigen kann. Jetzt gibt es von einer amerikanischen Firma etwas Neues: Es ist eine Art Plastikmasse, die man zunächst mit den Händen zusammendrückt und dann ins Ohr steckt. Sie erweitert sich dann wieder langsam und „dichtet" besonders gut ab.

MOTOR

Derzeit werden in der Formel I drei Motoren verwendet: Der Ford-Cosworth V 8, der Ferrari-Zwölfzylinder und der BRM-Zwölfzylinder. Daß alle am Hubraumlimit von 3000 cm^3 liegen, ist logisch. Gemeinsam sind den drei Motoren weiters die Vollaluminium-Bauweise, die Verwendung von mechanischen Einspritzanlagen und vier Ventilen pro Zylinder. Die Füllungsregelung erfolgt bei allen drei Motoren über Schieber, die gegenüber Drosselklappen den Vorteil haben, daß sie bei Vollgas-Stellung den gesamten Kanal-Querschnitt freigeben. Probleme bei Gasschiebern können dadurch entstehen, daß sich angesaugte Fremdkörper zwischen Schieber und Schiebergehäuse verklemmen und so den Schieber blockieren. Die Ventilsteuerung erfolgt durch Nocke und Tasse direkt auf den Ventilschaft. Die älteren Motoren (BRM, Cosworth) arbeiten noch mit relativ großen Ventilwinkeln, der neue Trend im Rennmotorenbau geht zu immer kleineren Ventilwinkeln.
Die grundsätzlichen Vor- und Nachteile brauchen wohl nur kurz erwähnt werden: Theoretisch müßte man mit dem Zwölfzylinder mehr Leistung erreichen, muß aber das höhere Gewicht und größeren Benzinverbrauch kompensieren. Wenn man ein durchschnittliches Leistungsgewicht von 1,2 kg/PS für einen Formel-I-Wagen annimmt, muß ein um 24 Kilo gewichtigerer Motor schon um 20 PS mehr leisten, um auf gleichem Leistungsgewicht zu bleiben — ganz abgesehen vom höheren Benzinverbrauch. Selbst bei gleichem Leistungsgewicht zweier unterschiedlich schwerer Autos ist der Wagen mit dem niedrigeren Gewicht immer im Vorteil, weil alle Bauteile (gilt vor allem für Reifen) weniger beansprucht werden.
Ich hatte in meiner Karriere als einziger Fahrer mit allen drei Motoren zu tun. Am liebsten ist mir der Ferrari, nicht etwa wegen der Leistung, sondern wegen des breiten nutzbaren Drehzahlbandes. Der Motor läßt sich von

Motoren mit 3000 cm³

Anzahl der Zylinder	Hubraum des Einzelzylinders in cm³	Bohrung in cm	Hub in cm	Fläche eines Kolbens in cm²	Gesamte Kolbenfläche in cm²	Drehzahl in U/min bei mittl. Kolbengeschw. 21,5 m/sec	Motorleistung in PS bei Mitteldruck 12,5 kp/cm²
4	750	11,09	7,76	96,59	386,36	8 311	346,3
6	500	9,68	6,78	73,59	441,54	9 513	396,4
8	375	8,80	6,16	60,82	486,56	10 470	436,2
12	250	7,68	5,38	46,32	555,84	11 988	499,5

Die Tabelle zeigt die Daten von vier Dreilitermotoren mit unterschiedlicher Zylinderzahl. Zugrunde gelegt wurde für alle Motoren ein Hub-Bohrungs-Verhältnis von 0,7 und eine mittlere Kolbengeschwindigkeit von 21,5 m/sec (übliche Formel-I-Werte). Man sieht, daß der Motor mit den meisten Zylindern natürlich die kleinste Fläche für den einzelnen Kolben hat, insgesamt jedoch die größte Arbeitsfläche. Da die Kraft, mit der ein Kolben über das Pleuel auf die Kurbelwelle arbeitet, nicht nur vom Verbrennungsdruck, sondern auch von der Fläche, auf die dieser Druck wirkt, abhängt, ist der erste Vorteil des Motors mit der größeren Zylinderanzahl gegeben. Weiters spricht für den Zwölfzylinder, daß er bei gleicher Beanspruchung (= gleicher mittlerer Kolbengeschwindigkeit) höher dreht als der Achtzylinder. Da die Drehzahl in der Leistungsformel drinsteckt, ist der Vorteil offensichtlich. In der letzten Spalte der Tabelle sind die PS für die vier Motoren nach der Leistungsformel für Viertaktmotoren errechnet. Der in der Theorie große Leistungsvorteil des Zwölfzylinders gegenüber den anderen Motoren wird jedoch in der Praxis stark abgeschwächt — vor allem wegen erhöhter innerer Reibung und wegen der Tatsache, daß der in der Rechnung eingesetzte Mitteldruck von 12,5 kp/cm² von den Motoren mit geringerer Zylinderzahl überschritten wird (bei niedrigeren Drehzahlen ist bessere Füllung möglich). In der Praxis bleibt für den Zwölfzylinder ein Leistungsplus von 7 bis 10 Prozent auf den Achtzylinder.

4000 bis 12 300 U/min einwandfrei fahren und verfügt schon bei 4000 Touren über sehr gute Durchzugskraft. Sie werden denken, daß man mit einem Grand-Prix-Motor in diesem Drehzahlbereich ohnedies nicht fährt, das stimmt aber nur zum Teil. So gibt es zum Beispiel in Monte Carlo, aber auch an einigen anderen Rennstrecken, Haarnadelkurven, bei denen man mit dem Cosworth-V8-Motor unbedingt in den ersten Gang muß, weil die Ford-Maschine erst ab 6000 U/min einwandfrei rund läuft und auch Kraft abgibt. Beim Beschleunigen aus diesen engen Kurven fällt es dann meist schwer, das Gas so zu dosieren, daß man nicht mit zuviel Schlupf fährt und das Auto daher unruhig wird. Mit dem Ferrari-Motor erledigen sich solche Situationen angenehmer und zeitsparender: Man bleibt einfach im zweiten Gang, erspart sich dabei zwei Schaltvorgänge und beschleunigt nach der Kurve gefühlvoller, kontinuierlicher und mit weniger Schlupf. Anschließend dreht man dann den Motor ohne jeden Aussetzer und ohne jedes Nachlassen der Zugkraft bis zur Drehzahlgrenze.
Es klingt unglaublich. aber es ist so: Man kann mit unseren Ferrari-Motoren wie mit einem VW anfahren. Man kuppelt einfach bei Leerlaufdrehzahl ein und kann dann ruckfrei beschleunigen. Das ist bei Regenrennen, wo wegen der geringeren Haftung der Reifen immer nur ein Teil der Motorleistung eingesetzt werden kann, besonders wichtig und gibt mir auch mehr Sicherheit als eine Maschine, die unter 6000 Touren stottert und plotzt und schießt und erst darüber mit unvermittelt brutaler Gewalt einsetzt. Der Ford-Cosworth-Motor läßt sich in seiner Charakteristik auch gut mit einem Zweitaktmotor vergleichen, der ja auch erst ab einer gewissen Drehzahl voll zupackt. Gut unterscheiden lassen sich die drei Motoren auch an ihren Geräuschen: Der Ferrari-Sound ist noch diabolischer als das Brüllen der BRM-Motoren, demgegenüber ist der Lärm der Ford-Maschinen vergleichsweise zahm. Je mehr Zylinder und je höher die Drehzahl, desto ärger das Getöse; außerdem wird es auch von den Nockenwellen-Steuerzeiten und von der Abstimmung der Ansaug- und Auspuffzeiten beeinflußt.

Der Ferrari ist kein Boxer, sondern ein V-Motor in 180-Grad-Stellung. Die Pleuel zweier gegenüberliegender Kolben hängen an einer gemeinsamen Kurbelwellenkröpfung. Gegenüber der Boxer-Bauweise, wo sich zwei gegenüberliegende Kolben immer gegenläufig bewegen, ergibt sich der Vorteil, daß die Luft im Kurbelgehäuse immer hin und her geschoben wird. Damit wird weniger verlustreiche Arbeit getan als beim Boxer, der den Luftpolster unterhalb der Kolben laufend komprimiert und expandiert.

Ein spezielles Problem der Ferrari-Motoren ist die Erhaltung der vollen Leistung über längere Distanzen. Die Streuung der Motorleistung bei den verschiedenen neuen oder überholten Motoren ist minimal (ca. 5 PS), aber über die volle Grand-Prix-Distanz gehen etwa 20 PS verloren. Das ist ungewöhnlich, denn die meisten Rennmotoren erreichen erst nach einer gewissen Laufzeit überhaupt ihre volle Leistung. Dieses Ferrari-Handikap führt dazu, daß bei uns nach einem Training grundsätzlich ein neuer Motor eingebaut wird, damit wir nicht von vornherein PS verschenken. Die technische Begründung für diese Schwäche liegt vermutlich in der ungünstigen Wasserkanalführung, wodurch sich bei hohen Öl- und Wassertemperaturen Zylinder und Zylinderkopf verziehen. In einem Fall funktioniert dann die Abdichtung der Kolbenringe nicht mehr richtig, im anderen Fall verziehen sich die Ventilsitzringe und verhindern damit einwandfreies Abdichten der Ventile, die sich dabei auch übermäßig erwärmen. Dieses Heißwerden der Ventile ist natürlich auch nicht leistungsfördernd, weil das frische Benzin-Luftgemisch stärker aufgeheizt wird[1]. Schon am Motorenprüfstand stellen unsere Ingenieure fest, daß bei Öl- und Wassertemperaturen, mit denen andere Motoren erst so richtig locker laufen, schon erheblicher Leistungsverlust eintritt. Deshalb wurde in letzter Zeit auf die Abdichtung der Kolben besonders geachtet, wir haben wieder einige PS gewonnen und den Leistungsabfall über längere Distanzen vermindert.

Mitte der Saison 1975 galten 495 PS (bei 11 800 Touren) als durchschnittlicher Leistungswert eines neuen Ferrari-Motors. Damit lagen wir um schätzungsweise 25 PS über den meisten Konkurrenten. Das klingt nach viel, kommt uns aber wegen des höheren Gewichts und des erhöhten Benzinverbrauchs nicht voll zugute. Für die Praxis ergibt sich daraus, daß wir uns um den Verbrauch ganz besonders kümmern müssen (wenn wir etwa 30 Liter mehr Sprit an den Start bringen müssen als die Konkurrenz, sind das genau 22,5 Kilo, die uns beim Leistungsgewicht auf den Kopf fallen). Wir versuchen daher, das Benzin-Luftgemisch im Training möglichst mager einzustellen — wieder eine Sache, die der Leistung nicht sehr dient, weil ein Motor bekanntlich dann am besten geht, wenn er leicht überfettet eingestellt ist. Daß man mit dem Abmagern zu weit gegangen ist, erkennt man daran, daß die Maschine zwischen 7000 und 9000 Touren auszusetzen beginnt. Eine von Ferrari entwickelte Änderung an der Lucas-Einspritzanlage erlaubt es, das Gemisch eigens für diesen Bereich wieder etwas anzufetten.

Wie bei jedem hochdrehenden Zwölfzylinder war ein Hauptproblem zu lö-

[1] Das Gewicht — und nicht das Volumen — der angesaugten Luft ist für die Motorleistung entscheidend, mehr Gewicht = mehr Sauerstoff = mehr Leistung. Durch Wärme verändert sich das Gewicht der Luft: Je heißer, desto leichter.

sen: Die naturgemäß lange Kurbelwelle ist empfindlich auf Drehschwingungen. Die früher zahlreichen Motorschäden durch Kurbelwellenbruch bekam man erst in den Griff, als man sich intensiv mit den Schwingungen des gesamten Kurbeltriebs befaßte. Man verkleinerte die Massen (Gewichte) aller am Schwingungssystem beteiligten Bauteile (Kolben, Pleuel, Kurbelwelle, Schwungrad mit Kupplung). Alle diese Maßnahmen waren nicht zielführend; erst als man daranging, das Schwungrad samt Kupplung aus dem Schwingungssystem herauszulösen, war der Weg klar. In der heutigen Ausführung ist das Schwungrad nicht mehr fest mit der Kurbelwelle verschraubt, sondern nur noch über ein Gummielement so mit ihr verbunden, daß es sich gegenüber der Kurbelwelle in engen Grenzen verdrehen kann. Bei richtiger Auslegung dieses Gummis und aller rotierenden Massen arbeitet das Schwungrad damit gleichzeitig als Drehschwingungsdämpfer. Dies alles hat auch das Bild der Kurbelwelle gezeichnet: Sie wirkt ziemlich zierlich und ist nur vierfach gelagert.
Besondere Forschungen stellten die Ferrari-Ingenieure bei der Gestaltung des Zylinderkopfes und der Brennraumform an. Man getraute sich, von großen Ventilen abzugehen, inzwischen ist der kleine Ventilwinkel (ca. 30°) richtungsweisend für die Rennmotoren-Neukonstruktionen geworden. Die Vorteile eines kleinen Ventilwinkels liegen vor allem in günstiger Brennraumform (kein gewölbter Kolbenboden erforderlich) und geringer Kanalumlenkung — dadurch wird das Handikap der kleineren Ventildurchmesser mehr als wettgemacht.

Wie gut die Motorkonstruktion ausgefallen ist, erkennt man am Beispiel der Zündkerzen. Weder beim Anwärmen noch im Normalbetrieb kommt es zu einem Verrußen oder zu sonstigen Unannehmlichkeiten mit den Zündkerzen. Seit ich mit Ferrari-Motoren zu tun habe, war es noch nie nötig, Anwärmkerzen zu verwenden oder überhaupt Zündkerzen auszutauschen. Das ist übrigens auch bitter notwendig, weil das Austauschen einzelner Zündkerzen nur nach umfangreichen Demontagearbeiten möglich ist.

Um zu einem Gesamturteil des Ferrari-Motors zu kommen: Die höhere Motorleistung dürfte fast völlig zur Kompensierung des Mehrgewichts und Mehrverbrauchs aufgehen, so daß als Vorteile netto übrigbleiben:

- das breite Drehzahlband;
- der optimal tiefliegende Motor-Schwerpunkt, der natürlich den Schwerpunkt des gesamten Autos wesentlich (positiv) beeinflußt;
- die Standfestigkeit der Maschine.

Aus Gründen besonderer Sorgfalt und wegen des erwähnten Leistungsabfalls gibt es für jedes Rennen einen Trainings- und einen Einsatzmotor. Für den Trainingsmotor werden Teile (Kolben, Pleuel, Kurbelwelle, Ventile) verbaut, die schon eine gewisse Laufzeit hinter sich haben. Über jeden Bauteil wird genau Buch geführt, so daß die jeweilige Laufzeit eines Teils jederzeit feststellbar ist. Für den Einsatzmotor werden praktisch nur neuwertige Bauteile verwendet, um die Ausfallsursache infolge Materialermüdung soweit wie möglich auszuschließen.

Ferrari-Menschen haben eine ganz eigene Einstellung ihren Motoren gegenüber, sie hängen mit ihren ganzen Emotionen an diesem Kunstwerk aus Alu, Magnesium und Stahl. In letzter Zeit wird ihre Liebe durch Treue erwidert: Ein Motorschaden ist wirklich schon zu einer sensationellen Ausnahme geworden.

Bei diesem Liebesspiel mache ich voll mit und nenne jeden Motor „mio nuovo figlio", also meinen neuen Sohn. Trotz meiner eher nüchternen Einstellung gegenüber der Technik spüre ich auch so etwas wie eine Beziehung zu meinem Motor: Wenn ich mich zum Beispiel infolge einer Unachtsamkeit verschalte und der Maschine dadurch weh tue, würde ich am liebsten zur Box fahren und aufhören, derart groß ist mein Zorn über mich selbst.

Eine absolute Drehzahlgrenze, bei der der Motor echt abgestochen wird, weil sich etwa die Ventile ineinander verhaken oder mit dem Kolben kollidieren, läßt sich nur schwer angeben. Rechnerisch tritt dieser Fall bei 12 800 U/min ein, ich hatte aber auch schon ein Exemplar, bei dem ich die Drehzahl durch einen Fehler über 13 500 Touren schnalzen ließ, ohne daß der Motor Schaden genommen hätte.

Das Lebenslicht des Motors ist eine rote Lampe am Instrumentenbrett. Sie erlischt nicht am Ende des Motorenlebens, sondern beginnt just hier hell zu leuchten. Der elektrische Kontakt, der diese Lampe zum Leuchten bringt, steht mit dem Öldruck in Verbindung. Fällt dieser unter 4 kp/cm^2, erstrahlt die Lampe — da hat den Motor auch meist schon der Teufel geholt, weil sich irgendwo ein großes Loch aufgetan hat und so die Innereien der Maschine gut sichtbar geworden sind. Es muß aber nicht immer so kraß kommen. Während eines Rennens fällt einem auch schon das Herz in die Hose, wenn sich der vertraute Ton des Motors plötzlich verändert oder ich im Rückspiegel Rauchentwicklung sehe. Blitzartiger Check aller Instrumente. Ist hier alles in Ordnung, versuche ich mir möglichst rasch ein Bild vom Schaden zu machen, denn ich muß ja unter allen Umständen versuchen, ins Ziel zu kommen, und das ist auch bei einigen Schäden, die während des Rennens auftreten können, möglich.

Ein harmloser Schaden ist es beispielsweise, wenn ein Auspuffkrümmer reißt oder ich eines meiner vier konisch ausgebildeten Auspuff-Endstücke verliere. Diese Diagnose kommt spätestens auf der nächsten längeren Geraden, weil

der Motor infolge der geringeren Leistung plötzlich um 300 Umdrehungen weniger macht. Ein weiterer Folgeschaden ist dabei nicht zu befürchten.
Unangenehmer ist es schon, wenn eine Ventilfeder bricht. Aus Sicherheitsgründen hat jedes Ventil des Motors zwei Ventilfedern, insgesamt gibt es also 96. Bricht eine Feder, ist der Motor nur noch bis zu einer bestimmten Drehzahl willig und verliert darüber hinaus an Leistung. Der Bruch einer äußeren Feder ist peinlicher als der einer inneren, denn die äußere ist stärker und hat einen größeren Anteil an der Schließkraft. Wie auch immer: Im Rennen ist nach Ventilfederbruch eine sehr verhaltene Fahrweise angebracht, weil die Gefahr eines kapitalen Motorschadens besteht. Im Training wird man in einem solchen Fall sofort zur Box fahren und den Motor wechseln lassen.
Kontinuierliche Ölfahne — was dann? Man sieht sie gut im Rückspiegel, sie kann aber ein durchaus gutmütiges Leiden bedeuten, wenn zum Beispiel durch eine Leckstelle Öl auf den heißen Auspuff tropft. Wenn die Ölfahne aber vom Getriebe kommt, bedeutet dies dessen nahen Tod, weil es aus irgendwelchen Gründen heißläuft, und das tut es ja bekanntlich nicht lange Zeit.
Unangenehm können auch anfänglich kurzzeitige Ölfahnen sein. Sie treten vor allem im Schubbetrieb oder beim Schalten auf und deuten auf einen gebrochenen Kolbenring oder einen angeknacksten Kolben hin. Auf diese Art gelangt Motoröl beim Schubbetrieb in den Brennraum, wo es dann beim neuerlichen Gasgeben verbrennt und die Ölwolke erzeugt. Alle diese Überlegungen kommen jedoch zu spät, wenn gleichzeitig mit einer Veränderung des vertrauten Motorengeräusches der Öldruck wegbleibt oder der Motor infolge eines Pleuelbruches schlagartig aufgibt und in einer Rauchwolke verendet.

KRAFTÜBERTRAGUNG

Seit ich Ferrari fahre, bewundere ich die Exaktheit und Leichtgängigkeit der Schaltung. Schon das Getriebe des alten 312 B 3 war beträchtlich besser zu schalten als die Hewland-Getriebe der Konkurrenz, aber beim neuen 312 T wurden noch einmal neue Maßstäbe gesetzt. Bei diesem Ferrari-Fünfganggetriebe liegen Vorgelege- und Hauptwelle aus Platzgründen quer zur Fahrtrichtung (daher der Buchstabe T für „transversale“ in der Typenbezeichnung des Wagens), die Zahnräder stehen also in Fahrzeug-Längsrichtung. Bei der platzsparenden Bauweise dieser Box wurde einkalkuliert, daß man vielleicht schon in naher Zukunft die jetzige Hinterradaufhängung durch eine De-Dion-Hinterachse ablösen wird, für deren Querverbindung natürlich genügend Raum vorhanden sein muß. Jedenfalls ist dieses neue Getriebe ein technisches Wun-

derwerk, das mit tollem Aufwand entwickelt und gebaut wurde und nun einen Sonderfall für alle Formelautos darstellt.
Jedes Getriebe wird in Tests vorsichtig eingefahren, anschließend auf einwandfreie Tragbilder der Zahnflanken und Lager genauestens untersucht, anschließend wieder montiert und nach dem Training in den Einsatzwagen eingebaut. Diese systematische Arbeit hat sich gelohnt, wir hatten bis Jahresmitte 1975 noch keinen Ausfall durch Schaden am T-Getriebe.
Wie alle Formel-Getriebe ist es nicht synchronisiert, das heißt, ich kann blitzartig und ohne Zwischenkuppeln hinaufschalten, muß aber beim Herunterschalten Zwischengas geben und zwischenkuppeln.
Jeder Gangwechsel kann mit zwei Fingern durchgeführt werden. Der kleine Schalthebel wird in einer Kulisse (mit drei Ebenen) geführt, was auch eine Besonderheit im Formelsport ist. Diese Kulisse ermöglicht zwei Raffinessen, die Motor- und Getriebeschäden durch falsche Gangwahl verhindern sollen. Erstens läßt sich der Rückwärtsgang nur dann einlegen, wenn eine entsprechende Verschlußklappe angehoben wird. Ein Ankratzen des Retourgangs wird dadurch verhindert. Zweitens unterbindet ein Schiebemechanismus in der Kulisse, daß man beim Runterschalten vom vierten in den dritten Gang den ersten erwischt. (Schaltschema wie beim BMW-Fünfgang: In jeweils einer Ebene liegen Retour und Erster, Zweiter und Dritter, Vierter und Fünfter.) Erst nach Einlegen des zweiten Gangs wird der Kanal für den ersten geöffnet. Diese sinnvolle Einrichtung vermeidet beim Runterschalten Überdrehzahlen durch falsche Gangwahl ebenso wie einen dadurch möglichen Dreher durch die zu brutale Bremswirkung der Antriebsräder im Moment des Einkuppelns.

Übersetzungen

Der fünfte Gang des Getriebes wird im Prinzip so übersetzt, daß ich am Ende der längsten Geraden des jeweiligen Kurses die Höchstdrehzahl (12 300) erreiche. Das gilt für ein Rennen, wo ich mir auf Grund einer Pole-Position — oder weil mir die Strecke besonders gut liegt — ausrechne, daß ich dem Feld wegfahren kann, um meine eigenen optimalen Runden zu drehen. Anders sieht die Sache aus, wenn ich ein Windschattenrennen erwarte (zum Beispiel Österreich-Ring) oder der Renntag sehr windig ist. In diesen Fällen lasse ich mir dann den fünften Gang um 250 bis 300 Umdrehungen, also etwa 2,5 %, niedriger übersetzen, um im Windschatten oder bei Rückenwind nicht in Gefahr zu kommen, den Motor zu überdrehen.
Wie wichtig das richtige Übersetzen der einzelnen Gänge ist, zeigt die Tat-

sache, daß es von allen Grand-Prix-Strecken nicht zwei mit gleicher Optimal-Übersetzung gibt. Um in einzelnen Kurven durch bessere Übersetzung noch etwas Zeit zu gewinnen, lasse ich mir oft im Training den dafür vorgesehenen Gang um etwa 200 Touren höher oder tiefer übersetzen und mache mich damit bei meinen Mechanikern entsprechend beliebt, die ja doch meist nicht verstehen können, daß diese geringfügig geänderte Abstufung überhaupt etwas bringt.

Die einzelnen Gänge werden entsprechend den einzelnen Kurven der Rennstrecke so aufgeteilt, daß man mit dem für die jeweilige Kurve vorgesehenen Gang beim Herausbeschleunigen gerade die Drehzahlgrenze erreicht. Gibt es am ganzen Kurs etwa keine Vierte-Gang-Kurve, wird der Vierer so übersetzt, daß der Drehzahlsprung vom dritten in den vierten größer ist als der vom vierten in den fünften — damit erreicht man optimale Beschleunigung auf der Geraden. Gibt es eine sehr wichtige Vierte-Gang-Kurve (wichtig deshalb, weil man in sehr schnellen Kurven mehr Zeit verliert oder gewinnt als in langsamen), so wird der Vierte bewußt dieser Kurve angepaßt, ohne Rücksicht auf das Idealverhältnis zwischen Drittem und Fünftem im Sinn von Beschleunigung.

So findet man anhand der wichtigen Kurven des Kurses seine eigene Übersetzung. Das funktioniert natürlich nur auf simplen Kursen so einfach, wie es sich anhört. Auf langen Strecken wie dem Nürburgring mit einer Vielzahl verschiedenster Kurven kann nur ein Kompromiß gewählt werden, der sehr stark vom Gefühl des Fahrers geprägt ist. Paßt dann bei irgendeiner Kurve zum Beispiel ein Gang deswegen nicht, weil er zu lang ist (zu wenig Drehzahl), hat man gegen einen Konkurrenten, der für diese Kurve gerade richtig übersetzt hat, keine Chance, weil er ja beim Herausbeschleunigen glatt wegfährt. So können sich an verschiedenen Stellen einer Rennstrecke Unterschiede zwischen zwei Autos ergeben, obwohl sie die gleichen Rundenzeiten fahren.

Die praktische Ausführung des Übersetzungswechselns ist bei Ferrari ziemlich schwierig, auf jeden Fall langwieriger als bei den Hewland-Getrieben, mit denen alle anderen Formel-I-Autos fahren. Bei Hewland ist es nur notwendig, den hinteren Abschlußdeckel zu entfernen, um an die Getriebewellen heranzukommen. Da diese Wellen beim neuen Ferrari-Getriebe quer liegen, muß die komplette rechte Radaufhängung demontiert werden, erst dann kann man die Schrauben des Getriebegehäusedeckels lösen. Die zusätzliche Arbeitszeit eines Zahnradwechsels gegenüber Hewland beträgt ca. zwei Stunden, in denen die homokinetische Antriebswelle sowie der komplette Radträger ab- und wieder angebaut werden.

Differential

Das Differential ist heute bei allen Formel-Autos als automatisch arbeitendes Sperrdifferential ausgelegt. Die Sperre, deren Grad man durch Hinzufügen oder Weglassen von Lamellen oder deren Vorspannung variieren kann, wirkt sich günstig auf die Fahreigenschaften aus. Man will dabei folgendes erreichen: Einschränkung des Durchdrehens eines Rades beim Anfahren oder während der Fahrt bei unterschiedlicher Bodenhaftung. Das gilt auch beim einseitigen Abheben eines Antriebsrads. Zweitens: Bei schneller Kurvenfahrt, für die viel Kraft erforderlich ist, hat das kurveninnere Antriebsrad infolge der Fliehkraft nur noch eine stark verminderte Radlast und kann deshalb auch nur noch stark verminderte Vortriebskräfte übernehmen. Ohne Selbstsperrdifferential würde dieses Rad dann durchdrehen (das kurvenäußere Rad würde dann für den Vortrieb auch nicht mehr viel leisten, weil sich der Kraftfluß beim normalen Differential den Weg des geringeren Widerstandes sucht, also zum durchdrehenden inneren Rad führen würde). Ohne Sperre könnte also nicht einmal die Kurvengeschwindigkeit beibehalten werden, an ein ordentliches Beschleunigen aus der Kurve wäre gar nicht zu denken.

Durch den Sperreffekt stabilisiert sich das Fahrzeug bei schneller Fahrt und unterschiedlicher Bodenhaftung der Antriebsräder, was besonders bei nasser Fahrbahn wichtig ist. Man hat auch schon Versuche mit völlig gesperrten Antriebsrädern gemacht. Das geht eigentlich besser, als man zunächst denken sollte. Probleme gibt es aber beim vollen Beschleunigen aus der Kurve, weil der Vorderwagen zu stark nach außen drängt. In der Praxis hat sich ein Sperrgrad von 75 % als brauchbar erwiesen.

Je höher der Sperrwert und je öfter er (durch viele Kurven) in Anspruch genommen wird, desto höher ist die Reibung in den Sperrlamellen und die dabei entstehende Temperatur. Daher hat die Getriebe-Differential-Einheit einen eigenen Ölkreislauf mit Kühler, der im Flügelträger vertikal eingebaut ist. Eine kleine Ölpumpe ist fix im Getriebe installiert. Am Getriebe selbst gibt es nur noch zwei Schlauchanschlüsse, die dann mit dem Kühler verbunden werden. Eine ständige Temperaturanzeige des Hinterachs-Öls ist nicht vorgesehen (würde im Rennen nur verwirren, helfen könnte man sich sowieso nicht), sie wird nur bei Testfahrten provisorisch angebracht, um den Ölkühler ein für allemal zu dimensionieren. Die Öltemperatur soll 120 Grad nicht überschreiten.

REIFEN

Bevor Sie dieses Kapitel lesen, möchte ich noch auf die Grundlagenerklärungen hinweisen, die wir am Beginn des Buches für Sie zusammengestellt haben. Dadurch wird das etwas komplizierte Thema Reifen besser verständlich.
Wenn man heute auf einigen Rennstrecken nicht mehr die Rekordrunden der letzten Jahre unterbieten kann, hängt das mit einer geänderten Reifensituation zusammen. Früher war es üblich, mit vielen Gummimischungen und Reifenkonstruktionen zu experimentieren, heute gibt es für alle Teams meist nur noch zwei verschiedene Mischungen ein und derselben Reifenfirma, nämlich Goodyear. Mir persönlich war die frühere Situation lieber, weil ich mir auf Grund vieler Testfahrten und durch das genaue Studium der Materie einen Vorsprung gegenüber vielen Konkurrenten erarbeiten konnte, ich war einfach fleißiger als die meisten anderen. Aus Kostengründen ist Firestone ausgestiegen, und Goodyear hat sein Angebot stark gestrafft. Obwohl das zu einer Vereinheitlichung geführt hat, ist das Thema Reifen nach wie vor fast unerschöpflich.

Anforderungen

Der Reifen muß mit einer Vielzahl von Variablen harmonieren: Belag der Rennstrecke, Verschmutzung, Temperatur der Oberfläche, Umgebungstemperatur, Gesamtgewicht und Gewichtsverteilung des Autos, Einstellung der aerodynamischen Hilfsmittel. Im Bewußtsein dieser Kompliziertheit der Zusammenhänge und durch intensive Beschäftigung damit hat es jeder Fahrer in der Hand, für sich persönlich das Maximum herauszuholen, obwohl wir alle über die gleichen Reifen verfügen. Geholfen wird den Fahrern bei dieser Arbeit von einem Mann der Reifenfirma, der natürlich über die Konstruktion und die Möglichkeiten des Reifens selbst am besten Bescheid weiß.

Konstruktion

Alle Rennpneus sind Diagonalreifen. Die Bauweise des Radialreifens wurde bisher im Rennsport nicht angewendet — um Klarheit über deren Eignung zu gewinnen, müßten enorme Entwicklungskosten investiert werden.
Entsprechend der Diagonalbauweise sind die einzelnen Lagen der Karkasse schräg zur Fahrtrichtung angebracht. In der Formel I werden nur schlauchlose Reifen verwendet, dies aus Gewichtsgründen und wegen der Schwierigkeiten, die bei der Montage derart breiter Reifen mit Schläuchen auftreten würden.

Reifenkonstruktion

Da vorn und hinten der Durchmesser der Felgen gleich ist, die Reifen jedoch völlig unterschiedlich hoch sind, ergibt sich, daß die Flanken der Vorderreifen sehr niedrig sein müssen. Dies macht den Reifen seitenstabil, weil er sich gegen die Felge nur wenig verformen läßt. Diese Steifheit für die gelenkten Räder der Vorderachse ermöglicht exakteres Fahren.
Wegen des größeren Gewichtsanteils der Hinterachse (Gewichtsverteilung vorn/hinten = 40/60) und der zu übertragenden Antriebskräfte müssen die Hinterreifen wesentlich breiter und höher ausfallen, um mit der größeren Beanspruchung (Temperatur) fertig zu werden.
Es gibt nur zwei Profile, den völlig glatten Slick für alle trockenen Fahrbahnen und den stark profilierten Regenreifen. Neben dem unterschiedlichen optischen Bild ergeben sich dabei auch Unterschiede in der Gummimischung.
Mitte der Saison 1975 war das gesamte Angebot auf zwei Slick-Mischungen beschränkt: Eine relativ harte mit vermindertem Grip, aber höherer Lebensdauer (ihr hatte ich den Sieg im Grand Prix von Schweden zu verdanken), und die weichere, die eigentlich die Universal-Rennmischung abgeben sollte.

Dimensionen

Der Größenunterschied zwischen Vorder- und Hinterreifen wird am besten aus den Dimensionen ersichtlich. Seit Goodyear das Monopol hat, werden Vorderreifen nur noch in der Dimension 9,2/20,0 — 13 (in mm: 234/508 — 330) erzeugt. Auch für die Hinterachse gibt es nur eine Standard-Dimension: 16,2/26,0 — 13 (in mm: 411/660 — 330). Das erste Maß bedeutet immer die Reifenbreite, das zweite den Reifendurchmesser, das dritte Maß den Durchmesser der Felge. Man ersieht also, daß die Felgen rundum gleich sind, 13 Zoll, aber im Abrollumfang ergeben sich durch die verschiedenen Schulterhöhen vorn und hinten große Unterschiede. Der Abrollumfang vorn beträgt 1595 mm, hinten 2074 mm. Entsprechend der unterschiedlichen Breite werden die Reifen auf 10 Zoll (254 mm) breite Felgen vorn und 17 Zoll (431 mm) breite Felgen hinten aufgezogen.
An den Hinterrädern experimentieren wir hie und da auch mit 16 und 18 Zoll breiten Felgen, wodurch sich eine etwas bauchigere oder etwas straffere Aufspannung des Reifens ergibt.
Der Reifenluftdruck ist gegenüber dem, was man von Straßenautos gewöhnt ist, sehr gering. An der Vorderachse fahren wir meistens 1,1 atü, hinten 1,2. Durch Variation des Luftdrucks ist nur eine geringfügige Korrektur des Fahrverhaltens (Über- oder Untersteuern) möglich. Auf keinen Fall lassen sich

Die Kühlung des Motors wird von insgesamt vier Kühlern übernommen. Die beiden Wasserkühler sind ebenso wie die Ölkühler voll in die Karosserie integriert und liegen links und rechts außen, etwa auf Höhe der Füße des Fahrers. Die Anströmung dieser Kühler erfolgt unter dem vorderen Flügel zwischen oberen und unteren Querlenkern. Der Kühlluft-Austritt (Bild) erfolgt seitlich auf Kniehöhe des Fahrers. Die austretende heiße Luft wird dabei so abgelenkt, daß sie nicht mehr an die hinten liegenden Ölkühler kann. Die Verbindung der Wasserkühler mit dem Motor wird durch vier Aluminiumrohre hergestellt. Die beiden oberen Rohre verlaufen links und rechts neben den Schultern des Fahrers, die Rücklaufrohre liegen unten frei am Wagenboden in einer Ausnehmung der Knautschzone. Gesamte Wassermenge: 10 Liter.

Die beiden Ölkühler liegen links und rechts des Motors fast längs zur Fahrtrichtung und sind voll in die Karosserie integriert. Das Bild zeigt (bei abgenommener Verkleidung) den rechten Ölkühler, davor erkennt man den Ölbehälter der Trockensumpfschmierung mit einem durchsichtigen Schlauch (Pfeil), in dem sich der Ölstand ablesen läßt. Öl gesamt: 8 Liter. Vor (in Fahrtrichtung) dem Trockensumpfbehälter sieht man das noch nicht am Motor angeschlossene Rücklaufrohr der Wasserkühlung und die dafür vorgesehene Ausnehmung am Unterrand der Knautschzone.

Imposante Darstellung eines großartigen Formel-I-Triebwerks: Stall für knapp 500 Ferrari-Pferde. Oben in Motormitte der flachliegende Ölfilter, links davor der Zündverteiler, daneben rechts ist aus der Richtung der Einspritzleitungen die Lage der Pumpe zu erahnen. Und was im Verborgenen liegt: 48 Ventile mit 96 Ventilfedern!

Blick auf die rechte Zylinderreihe des Ferrari-Motors. Die kurzen Ansaugtrichter sind mit Gitterköpfen gegen das Ansaugen von Fremdkörpern geschützt. Am schmalen Zylinderkopfdeckel erkennt man, daß die Nockenwellen nahe beisammen liegen, der Ventilwinkel also klein ist.
Die Auspuffkrümmer sind ein Meisterwerk der Rohrbiegekunst. Pfeil 1 zeigt eine der Schrauben zur Motorbefestigung am Cockpit. Pfeile 2: Wasseranschluß.

Ansicht des Ferrari-Motors von der Anschlußseite am Monocoque. Man erkennt die extrem flache Bauweise mit tiefliegendem Schwerpunkt. Die Pfeile zeigen die Verbindungsstellen für das Monocoque. Über den oberen Anschlußlöchern sind die (verklebten) Stutzen für den Wasseranschluß. Auf halber Höhe außen sind die Lappen für die Unibal-Gelenke der Längslenker.

Ansicht des Ferrari-Motors von der Getriebeseite mit Schwungrad und Kupplung. Die Auspuffrohre von je drei Zylindern mit gleichem Zündabstand werden zunächst zusammengeführt (Bild), im weiteren Verlauf des Auspuffsystems (nicht sichtbar) erfolgt die Vereinigung zu je einer Auspufftüte, so daß sich insgesamt vier Tüten ergeben. Die Einzelrohre für die untenliegenden Tüten sind auf dem Bild nicht sichtbar. Hinter dem Deckel (Pfeil 1) liegen die beiden Nockenwellen der linken Zylinderreihe. Die obere Nockenwelle der rechten Zylinderreihe betätigt den Winkeltrieb für den Drehzahlmesserantrieb (Pfeil 2).

Eine Sperrklappe muß angehoben werden, um den Retourgang einlegen zu können. Die gegossene Schaltkulisse ist ein prächtiges Beispiel für die gesamte Verarbeitungsqualität und das Finish des Ferrari (Foto bei abgenommener Verkleidung). Weiters sichtbar auf diesem Bild: Das dicke Alurohr (hell) für die Wasserkühlung, entlang des Cockpits. Darüber erkennt man die Hülle der Drehzahlmesser-Antriebswelle und einen ummantelten Kabelstrang.

Das vom Motor abgebaute Getriebe. Die dünnen Rohre leiten den Bremsdruck zu den beiden direkt am Getriebe angeflanschten Vier-Kolben-Bremssätteln, die die davor liegenden innenbelüfteten Bremsscheiben umfassen.

In der Flügelstütze (im notwendigen Bereich vorn offen) liegt der Ölkühler für die Getriebe-Differential-Einheit. Der Kühler (aus Alu) wird von unten nach oben durchströmt, um etwaige Luft aus dem System zu bringen. Sämtliche Schlauchanschlüsse stammen aus dem Flugzeugbau und sind aus Magnesium. Direkt vor der Stütze liegt die Batterie. Weiters erkennbar auf diesem Bild: Die hinteren innenbelüfteten Bremsscheiben. Zur besseren Kühlung helfen die beiden großen Lufthutzen (natürlich nach vorne offen), die den Fahrtwind in die Mitte der Bremsscheiben lenken. Außerdem schön zu sehen: die oberen und unteren Querlenker sowie das Rücklicht oberhalb des Ölkühlers. Dieses Licht muß bei schlechter Sicht — Regen, Nebel — eingeschaltet werden.

Anschauliche Darstellung der Kompaktbauweise des neuen Ferrarigetriebes. Sichtbar sind der linke Bremssattel und die Bremsscheibe, die zur besseren Bremsstaubableitung vier Nuten in Spiralform hat. Die beiden Pfeile zeigen auf die Aufnahme für die Unibal-Gelenke des unteren Querlenkers.

Vergewaltigung eines Reifens: Entweder durch falsche Aufteilung der Bremskraft (vorne / hinten) oder durch Schockbremsung blockiert das linke Vorderrad am March des Vittorio Brambilla (mittleres Auto). Daß das Rad „steht", erkennt man an den nur bei diesem Reifen gut sichtbaren Einschnitten für die Profilstärkemessung. Durch dieses Nicht-Mitdrehen wird der Reifengummi an der Aufstandsfläche so stark erhitzt, daß er dort unter starker Rauchentwicklung zu schmelzen beginnt. Die Folge davon sind starke Vibrationen.

Auf jedem Rennreifen ist die Größenbezeichnung eingegossen. Hier handelt es sich also um einen Hinterreifen mit Zollangabe von Breite, Durchmesser und Felgendurchmesser. Das Bild zeigt weiters einen der acht Sicherheitsbolzen, die solcherart in jede Felge geschraubt werden (vier innen, vier außen), daß sie das Abspringen der Reifenschulter vom Felgenhorn bei Luftverlust verhindern. Die Verschraubung der Bolzen gegen die Felge muß natürlich luftdicht sein, außerdem kann das System klarerweise nur bei schlauchlosen Reifen angewandt werden. Sie werden sich vielleicht an die TV-Aufnahmen vom GP von England 1974 (Brands Hatch) erinnern, wo ich mit einem völlig zerfetzten Reifen immer noch fahren konnte, ohne die Kontrolle über den Wagen zu verlieren. Auf dem Bild sieht man ferner das Ventil, das einfach mit zwei Gummiabdichtringen in die Felge geschraubt wird. Das schwarze Klebeband oberhalb des Ventils dient als Sicherung für das darunterliegende Auswucht-Klebegewicht.

Regenreifen: Bei genauem Hinsehen erkennt man, daß das Profil handgeschnitzt ist.

Ein neuer Satz Slicks steht bereit. Der Größenunterschied zwischen Vorder- und Hinterreifen wird anschaulich. Jeder Slick besitzt in der Lauffläche insgesamt neun bis zwölf kleine Einschnitte, anhand derer jederzeit die noch vorhandene Laufflächenstärke sowohl in der Mitte, als auch außen nachgemessen werden kann (man hat ja kein Profil, an dem man sich orientieren könnte).

Messung der Reifentemperatur durch Einstechen einer Temperatur-Fühlnadel (Thermo-Element) in den Laufflächengummi. Das Ergebnis wird in ein entsprechendes Protokoll eingetragen und gibt Aufschluß über die Abstimmung des Fahrwerks

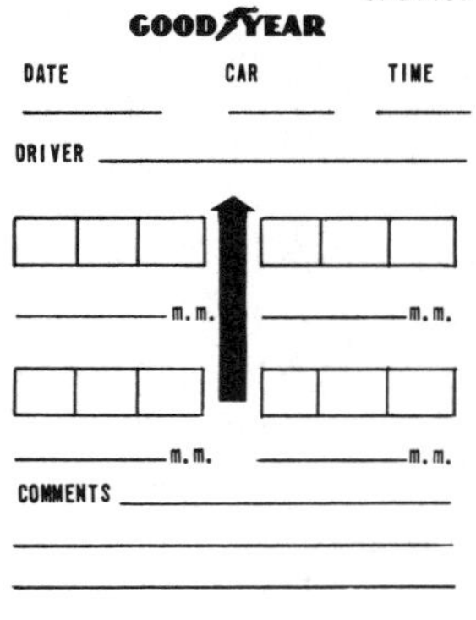

Ein Goodyear-Techniker überzeugt sich mit Meßband vom Abrollumfang eines Vorderreifens. Schön zu sehen ist die Lufthutze für die Kühlung der tief in der Felge liegenden Bremsscheibe. Durch eine Ausnehmung in der Hutze führt die Spurstange. Die Aufnahme stammt von einem kalten Tag (Daily Express Silverstone, 1975), an dem die Lufthutze zu zwei Drittel abgeklebt wird, da die Bremsscheibe ansonst zu kühl laufen würde und die Beläge nicht die volle Betriebstemperatur erreichen würden.

grobe Unstimmigkeiten im Fahrverhalten nur durch Variation des Reifendrucks ausmerzen. Außerdem wird der richtige Luftdruck wie andere Einstellungsdaten der Räder (Vorspur, Sturz) meist entsprechend der Reifentemperatur abgestimmt. Diese Temperaturmessung wird immer im Training nach einigen schnellen Runden von einem Reifentechniker vorgenommen. Ein Thermoelement an der Spitze einer Nadel wird an drei Stellen (Mitte, innen, außen) etwa 5 mm tief flach in den Gummi geführt. Zur besseren Handhabung ist diese Nadel in einem Handgriff montiert, von dem ein Kabel zum eigentlichen Anzeigegerät führt, das in Celsius oder Fahrenheit geeicht ist. Man darf dabei natürlich nicht so tief einstechen, daß die Reifenkarkasse oder gar die noch tiefer liegende luftdichte innere Gummischicht verletzt wird. Bei unterschiedlicher Temperaturverteilung über den Querschnitt werden Sturz, Vorspur, Stabilisator, Luftdruck und Flügel so lange verstellt, bis die Reifentemperatur an allen drei Punkten annähernd gleich ist. Nur bei dieser gleichen Temperaturverteilung kann man die Möglichkeiten eines Reifens — sowohl in bezug auf Lebensdauer als auch Haftung — voll ausnützen.

Die Temperatur gibt auch Aufschluß, ob der Reifen (die Gummimischung) überhaupt der Belastung für die volle Grand-Prix-Distanz gewachsen sein dürfte. Ist die Temperatur jenseits von 110 Grad Celsius, muß man auf die härtere Mischung („back up compound" = „Reservemischung" in der sinngemäßen Übersetzung) zurückgreifen, die zwar immer hält, aber nicht so schnelle Rundenzeiten ermöglicht wie die Renn-Gummimischung („race compound"). Daß bei den für die Startaufstellung entscheidenden schnellsten Trainingsrunden ausschließlich mit „race compound" gefahren wird, ist klar, allerdings gibt es nicht mehr wie früher die superweichen Qualifikationsreifen, die man nach drei Runden wegschmeißen mußte. Klar, wenn eine einzige Firma das Monopol hat, spielt sie bei solchen grotesken Entwicklungen nicht mit.

Obwohl es also nur zwei Mischungen gibt, ist die Entscheidung, welche man für das Rennen nimmt, schwieriger als es scheint — so hat beispielsweise Reutemann beim Grand Prix Schweden 1975 für den „race compound" entschieden und verloren, ich nahm den „back up compound" und gewann. Zwar hatte ich damals unerhörte Schwierigkeiten, um das Anfangstempo der Gegner mitzuhalten, gegen Ende schwamm Reutemann mit den überforderten Reifen aber derart herum, daß ich alles wieder wettmachen und ihn auch noch überholen konnte.

Grundsätzlich hängt die Wahl — weich oder hart — von mehreren Faktoren ab. Muß das ganze Rennen voll gefahren werden, fahre ich allein oder im Pulk, ist es am Renntag heißer oder kühler als im Training, verändert sich das Auto oder der Belag der Strecke während des Rennens? — all das kann einen

Reifen in seiner Griffigkeit und Lebensdauer beeinflussen. Die Wahl wird dadurch erschwert, daß man auch zwei verschiedene Mischungen am selben Auto, ja sogar an einer Achse fahren kann. Da die meisten Rennstrecken rechtsherum führen, ist der linke Vorderreifen am höchsten beansprucht, daher könnte man für ihn allein die härtere Mischung wählen, was eine Menge Feinarbeit in der Abstimmung nötig macht.

Trotz seines Monopols arbeitet Goodyear an Weiterentwicklungen, weil man ja nicht sagen kann, ob nicht morgen etwa Firestone zurückkommt oder Michelin oder Pirelli einsteigen. Für einen solchen Fall will Goodyear natürlich seinen Vorsprung weiter ausbauen. Im Rahmen von Tests, die ich häufig fahre, werden wir auch mit neuen Konstruktionen und Mischungen konfrontiert. Nach Abschluß solcher Tests werden diese — zumeist sehr schnellen — Versuchsreifen sofort wieder eingezogen, um keinem Team für das nächste Rennen einen Vorteil zu geben. Sollte es trotzdem jemandem gelingen, einen Satz Sonderreifen auf die Seite zu schaffen, kann er ihn dennoch nicht in einem Rennen verwenden, weil die Goodyear-Leute beim Start alle Reifennummern kontrollieren und einen unerlaubten Alleingang eines Teams etwa damit bestrafen würden, daß dieser Rennstall nicht mehr beliefert wird.

Bei Reifentests fahren wir neben verschiedenen Mischungen auch Pneus mit unterschiedlichem Aufbau, also mehr oder weniger Seitensteifigkeit, die das Fahrverhalten eines Autos beeinflußt. Das Problem ist, daß das Fahrzeug dann auf diese Reifen neu abgestimmt werden muß, um optimale Rundenzeiten zu fahren. Darauf reagieren die verschiedenen Autos ganz unterschiedlich. Im Prinzip kann man aber sagen, daß man Untersteuern austreiben kann, indem man einen Vorderreifen mit höherer Seitensteifigkeit verwendet. Das Auto läßt sich dann leichter und exakter in die Kurven einlenken.

Probleme können entstehen, wenn (durch Ungenauigkeit in der Fertigung) ungleich große Räder an einer Achse montiert werden, was auch schon bei neuen Reifen passieren kann. Da kann es vorkommen, daß auch ein einwandfrei abgestimmtes und vermessenes Auto in Links- und Rechtskurven unterschiedlich zu fahren ist, einmal über-, einmal untersteuernd. Zur Fehlersuche verwendet man ein Meßband, das man einfach um die Reifen legt, wobei sich die Umfänge genauestens feststellen lassen. Bei ungleich großen Hinterrädern zieht das Auto auf der Geraden immer nach einer Seite; geht man vom Gas, zieht es nach der anderen Richtung.

Neue Reifen müssen immer angefahren werden, da man damit zunächst wie auf Glatteis fährt. Erst wenn die Reifen aufgerauht und erwärmt sind, erreichen sie ihre volle Haftfähigkeit. Dabei durchlaufen sie bald nach Beginn des Anfahrens ihr Optimum (Super-Grip). Diese maximale Haftfähigkeit ist nur für wenige Runden gegeben und wird von mir immer dazu benutzt, um auf Pole-Position zu fahren. In diesem Zustand kann man bei Rundenzeiten von etwa 1 : 30 um 0,5 Sekunden schneller fahren. Danach baut der Reifen ab und pendelt sich auf seiner normalen Haftfähigkeit ein, die er über seine ganze Lebensdauer beibehält. Dieser Effekt muß wohl darauf beruhen, daß bei der erstmaligen vollen Erwärmung eines Reifens irgendein Bindemittel ausdampft, das den Reifen kurzfristig klebriger als normal macht.

Wird der Reifen in dieser Phase des Super-Grips zu stark überhitzt, „blistet" er, das heißt, es bilden sich Blasen im Gummi, die dann bei weiterer Überbeanspruchung aufplatzen und den Reifen unbrauchbar machen. Dann muß die Prozedur des Warmfahrens mit neuen Pneus wieder von vorn anfangen. Das Ganze nennt man auch „heat treatment", also Hitzebehandlung, wobei der normale Weg (ohne Pole-Position-Fahren) folgendermaßen aussieht: Montage der neuen Räder, Warmfahren zirka 2 bis 3 Runden, anschließend eine Runde mit voller Geschwindigkeit, dann zur Box und Auskühlen-Lassen der Reifen. So behandelte Reifen sind dann in der Regel für die volle Grand-Prix-Distanz gerüstet.

Im Rennen kann bei Überbeanspruchung (vor allem bei dauerndem Untersteuern oder bei noch vollen Tanks) ein Effekt auftreten, der in unserem Slang „grainen" heißt. Dabei bilden sich am Reifen ähnlich wie bei einem Radiergummi Gummiröllchen (Wuzerln), die die Haftung stark vermindern. Dieses Grainen erkennt man durch einen Blick auf die Vorder- und Hinterreifen (durch den Rückspiegel) dadurch, daß ein Teil des Reifens (zumeist an der Innenseite) ganz schwarz wird. Volles Weiterfahren wäre absolut falsch, weil dieser Effekt immer stärker wird und sich über die ganze Reifenbreite ausdehnt. Es müssen einige langsamere Runden (1 bis 2 Sekunden) eingelegt werden, in denen sich die Reifen von diesen Röllchen reinigen und sie ihre volle Haftung wiedergewinnen.

Bei kalter Witterung hat man auch schon versucht, die Reifen vor dem Start künstlich anzuwärmen (Fittipaldi Kanada 74), um den Gummi von allem Anfang an schon auf Betriebstemperatur zu haben. Damit die Reifen dann in der Vorbereitungszeit zum Start nicht wieder auskühlten, hatte man sie mit dicken Decken umwickelt. Trotz dieser aufwendigen Prozedur habe ich dann das Startduell gegen Fitti (wir standen beide in der ersten Reihe) mit nicht vorgewärmten Reifen gewonnen. Zumeist — wenn es nicht ganz saukalt ist — genügt die Aufwärmrunde vor dem Start, um die Reifen auf Temperatur zu bringen, außerdem meinen die Goodyear-Leute, daß ein am Auto warmgefahrener Reifen besser hält als einer, den man etwa in die Sauna gesteckt hat.

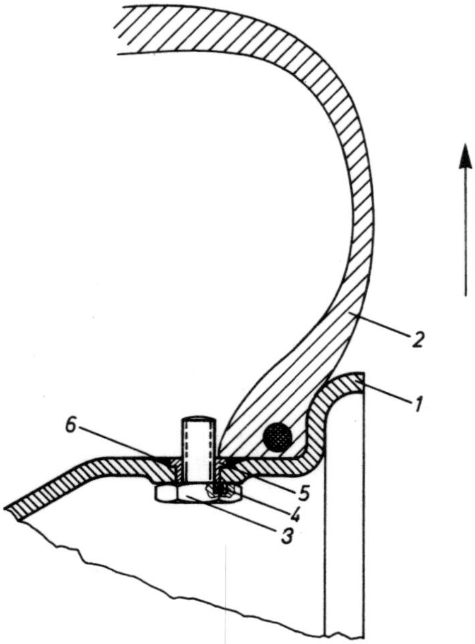

Prinzip des Reifensicherungsbolzens. Diese Bolzen sind sowohl am Innen- als auch Außenteil der Felgen gleichmäßig über den Umfang verteilt. Sie verhindern bei einem Defekt das Abrutschen des Reifens. Die Bolzen müssen bei jedem Ab- und Aufziehen eines Reifens herausgeschraubt werden. 1 Felge, 2 Reifen, 3 Sicherungsbolzen, 4 O-Ring zur Abdichtung, 5 Stahleinsatz mit Gewinde, 6 Metallkleber.

Obwohl die Reifen bei Ferrari auf dreiteiligen Felgen montiert sind, können sie auf- und abgezogen werden, ohne daß man die Felge auseinandernehmen müßte. Man muß nur die Sicherheitsbolzen vorher entfernen. Leider kommt es auch hie und da vor, daß die Reifen auf der Felge nicht richtig sitzen, so daß sie sich während der Fahrt verdrehen. Das würde an und für sich nichts machen, wenn sich dabei nicht die Unwucht veränderte, so daß das ganze Auto zu vibrieren beginnt. Die Kontrolle, ob sich ein Reifen verdreht, ist ganz einfach: Man macht außen einen Strich über Reifen und Felge und kontrolliert irgendwann, ob sich nichts verschoben hat.
Vibrationen können auch dadurch entstehen, daß ein oder mehrere Reifen eines Fahrzeugs während des Rennens paradoxerweise nicht kleiner, sondern größer werden. Unter „pick up" verstehen wir das Aufklauben von Schmutz und abgeriebenen Gummiteilchen, die am Reifen kleben bleiben. Dieses „pick up" verhalf mir einmal dazu, daß ich am Ende des Rennens einen um einen Zentimeter größeren Vorderreifen hatte als zu Beginn. Da dieser Auftrag naturgemäß nicht in gleicher Stärke über den ganzen Umfang läuft, treten Vibrationen auf, die so stark werden können, daß man das Lenkrad kaum mehr halten kann, weil die Handgelenke zu schmerzen beginnen. Durch das Schütteln wird außerdem die Sicht immer schlechter — so arg wird man im Cockpit gebeutelt.

Zu den Farbfotos auf den nächsten Seiten:
Unvergleichliches Barcelona: Einzug in die Arena von Montjuich.
Clay Regazzoni.
Barcelona 1975.
Boxen: Regazzoni, Lauda / Jarier.

24

Beta

Agip
Marlboro

Marlboro
TEXACO

12
Agip
Niki Lauda
11
Agip
Clay Regazzoni
11
GOOD YEAR
Agip
GOODYEAR
Agip
GOOD YEAR

uop
GOODYEAR
J.P. Jarier
uop
GOODYEAR

Ein weiterer Grund für Vibrationen ist dann gegeben, wenn man einmal unkontrolliert bremst, so daß ein Rad stehenbleibt, das heißt während des Bremsvorgangs nicht mehr mitdreht. Der Gummi wird dabei örtlich so stark erhitzt, daß er auf einer etwa handtellergroßen Fläche wegschmilzt, wobei die für den Zuschauer gut sichtbaren blauen Rauchwolken entstehen. Diese örtliche Abflachung ist im Lenkrad sofort durch starkes Schütteln spürbar. Es kann aber auch ärger kommen: Bei diesem Bremsen kann die Hitzeentwicklung so arg gewesen sein, daß der Gummi im Bereich der Abflachung Blasen bekommt und aufspringt (er „blistet"). An ein Zu-Ende-Fahren eines noch länger dauernden Rennens ist dann nicht mehr zu denken, man muß sofort zum Reifenwechsel an die Box.

Seit dem Tod von Jim Clark (Reifen ohne Sicherheitsbolzen flog von der Felge; Hockenheim 1968) ließ sich kein schwerer Unfall mehr eindeutig auf Reifendefekt zurückführen.

Regenreifen

Zum Unterschied von den Trockenreifen haben die Regenreifen ein stark ausgeprägtes Profil. Infolge der geringen Stückzahlen, in denen Regenreifen benötigt werden, wird dieses Profil per Hand in die ursprünglich profillosen Reifen geschnitten, weil sich die Anschaffung einer Werksvorrichtung nicht lohnt. Außerdem gewinnt man über die Ausbildung des Musters immer wieder neue Erkenntnisse. Der zweite Unterschied gegenüber den Trockenreifen besteht in der Gummimischung, sie ist bei den Regenpneus wesentlich weicher.

Am Auto liegen beim Fahren Welten zwischen Trocken- und Regenreifen. So ist nicht daran zu denken, auf trockener Bahn mit Regenreifen auch nur eine Runde annähernd so schnell zu fahren wie mit Slicks. Noch viel mehr Zeit verliert man allerdings auf nasser Bahn — insbesondere bei schon stehenden Pfützen — mit Slicks gegenüber Regenreifen. In Grenzsituationen kann man wegen Aquaplaning-Gefahr nur noch Schrittempo fahren. Bei fortschreitendem Auftrocknen der Bahn ist man mit dem Slick meist schon schneller als mit dem Regenreifen, deshalb darf man nicht erst dann an die Box, wenn es schon staubtrocken ist.

Ist die Box aus irgendeinem Grund nicht klar zum Reifenwechsel und muß man daher noch eine oder mehrere Runden mit Regenpneus fahren, obwohl der Fahrstreifen schon aufgetrocknet ist, fahre ich dann, um ein Überhitzen (Schmieren) der sehr weichen Regenmischung zu verhindern, zumindest auf den geraden Stücken ganz bewußt außerhalb der Fahrspur. Hier ist es noch naß, und die Reifen werden deshalb besser gekühlt. Mit diesem Trick kann man den gefährlichen Übergangszeitraum überstehen, ohne allzuviel Zeit zu verlieren.

Regenreifen existieren derzeit nur in den gleichen Dimensionen wie Slicks. Sogenannte Allwetterreifen („intermediates") gibt es nicht, weil man bei unklarer Wetterlage ein Grand-Prix-Rennen ohnedies nicht startet, sondern den Beginn so lange verschiebt, bis es eindeutig regnet oder (hoffentlich) eindeutig trocken bleibt. Eine Auswahl an verschiedenen Mischungen für Regenreifen gibt es nicht.

RADAUFHÄNGUNG

Nach den Reifen ist die Radaufhängung das Bindeglied zwischen Straße und Auto. Die Aufhängungen bei den diversen Formel-I-Autos sind einander recht ähnlich, auch die Momentanzentren von Vorder- und Hinterachse liegen innerhalb enger Grenzen. Auf Grund der breiten Reifen und der konstruktiven Gegebenheiten hat sich im Lauf der Jahre folgendes Prinzip ergeben: Vorn und hinten Einzelradaufhängung mit einem oberen und unteren Dreiecksquerlenker an der Vorderachse und ein oder zwei Längslenker in Verbindung mit Querlenkern hinten.

Echte konstruktive Unterschiede gibt es nicht, nur Variationen der Ausführung. So können die Querlenker der Vorderachse aus Rohren oder Kastenprofilen sein, so kann es hinten einfache oder Dreiecks- oder Trapezquerlenker geben. Auf alle Fälle bemüht man sich bei der Konstruktion, die Radaufhängung so auszulegen, daß die einzelnen Teile nur auf Druck und Zug (und nicht auf Biegung) beansprucht werden, was schon die rein rechnerische Seite der Konstruktion vereinfacht. Selbstverständlich wird knapp kalkuliert, um sowohl am Gesamtgewicht als auch am Gewicht der ungefederten Massen zu sparen. Trotzdem ist Stahl der Universal-Werkstoff, nur zögernd wird mit anderen Metallen (Alu, Magnesium, Titan) experimentiert.

Obwohl man bei Ferrari Gewichtsprobleme hat, zeigt sich fast eine Aversion gegen das Ausprobieren neuer Metalle. Dies geht vermutlich auf einen Leitsatz Enzo Ferraris zurück, der einmal gesagt hat: „Einen Ferrari, bei dem ein Rad wegbricht, gibt es nicht." Ich persönlich finde, daß das eine mit dem anderen nicht unbedingt etwas zu tun haben muß, wenn man die Sache richtig angeht. Man denke doch nur daran, mit welchem Erfolg — und ohne wegfliegende Räder! — sogar bei viel schwereren Rennautos (Tourenwagen von BMW und Ford, GT von Porsche) die leichten Nicht-Eisen-Metalle verwendet wer-

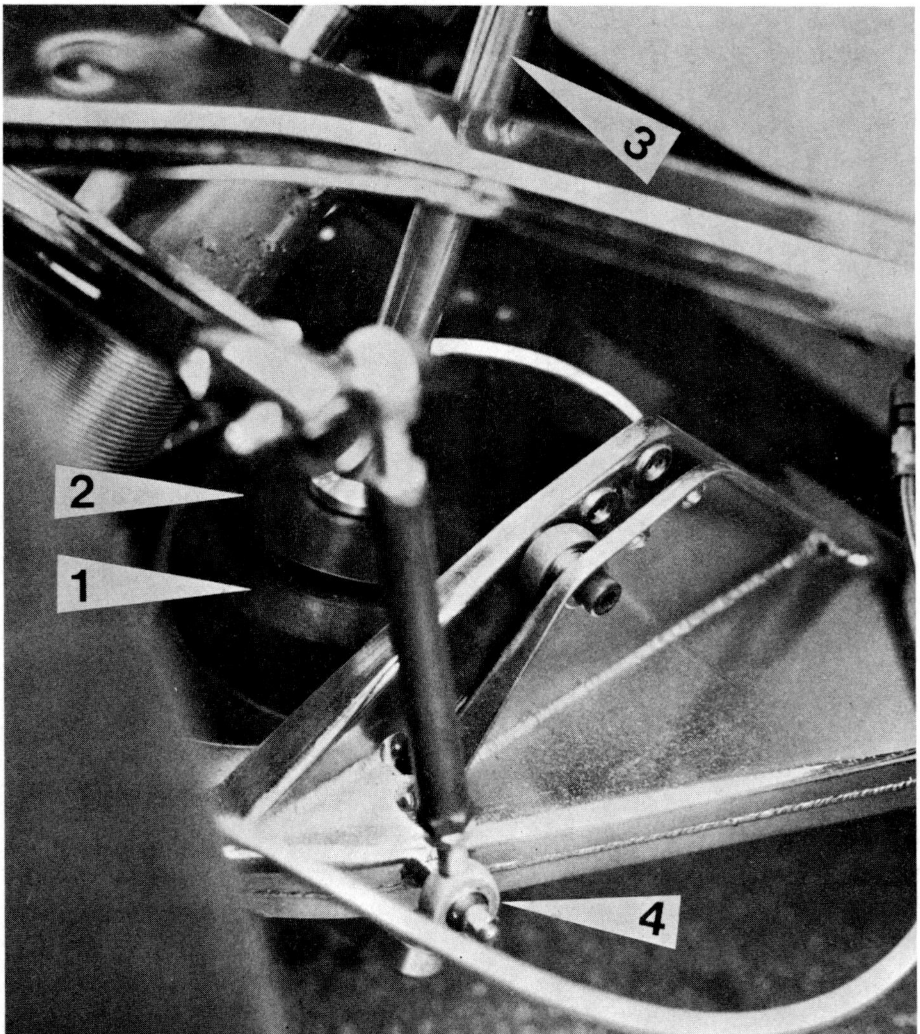

Neuartige Abfederung der Vorderradaufhängung beim Hesketh. Im unteren Dreiecksquerlenker ist ein Gummiblock (1) gelagert, der beim Einfedern zusammengedrückt wird. Der Gummi-Federteller (2) ist über einen Reaktionsstab (3) zum Chassis abgestützt. Dieser Gummiblock besitzt zwar eine gewisse Eigendämpfung, auf den Stoßdämpfer üblicher Bauart (aus Gewichtsgründen hier aus Alu) kann aber nicht verzichtet werden. Deutlich zu sehen auf diesem Bild: Das untere Unibal-Gelenk (4) des Reaktionsstabs für den Stabilisator.

den. Jedenfalls versuche ich, unsere Techniker im Hinblick auf neue Werkstoffe zu beeinflussen, um unser Gewichtshandikap möglichst bald loszuwerden.
Vielfältiger sieht das Bild bei den Federn aus, sowohl in Ausführung als auch Material. In der Regel werden progressive Schraubenfedern verwendet, die zumeist den Stoßdämpfer umschließen. Als Werkstoff der Fahrwerksfedern verwenden Ferrari und einige andere Firmen Titan, weil sich dieses leichte Metall auf Grund seiner gegenüber Stahl unterschiedlichen Eigenschaften[1] besonders gut eignet.
Andere Firmen verwenden Drehstäbe vorn und hinten (Lotus), Hesketh seit neuestem sogar Gummiblöcke. Das bedeutet völligen Verzicht auf Schraubenfedern (natürlich nicht auf Stoßdämpfer) und große Variationsmöglichkeit der Federkennung durch Verwendung unterschiedlicher Gummihärten und verschiedener Formen.
Ähnliche Gummiblöcke — in kleinerer Ausführung — findet man auch bei den konventionellen Federungen, sie dienen hier als Anschlag für die Federbeine. Die richtige Dimensionierung ist wichtig, da dieser Gummi bei starkem Einfedern (vollgetanktes Auto) mitträgt und so die Schraubenfeder unterstützt.
Was die teilweise verwendete (sehr aufwendige) Drehstabfederung betrifft: Ihr Vorteil liegt im tiefstmöglichen Feder-Schwerpunkt.
Zurück zu den konventionellen Federbeinen. An der Hinterachse sind sie schräg nach außen montiert, indem sie sich oben am Chassis und unten außen am Radträger oder Querlenker abstützen. Bei der Vorderachse verwenden manche Teams innenliegende, andere außenliegende Federbeine. Für die innere Lage spricht verringerter Luftwiderstand, weil der Raum zwischen Chassis und Vorderrädern für die durchströmende Luft freibleibt; dagegen spricht der erhöhte Bauaufwand, weil man ja die Ein- und Ausfederbewegung des Rads nach innen zum Federbein übertragen muß. Ferrari hat dafür eine ganz spezielle Lösung gefunden (siehe Foto auf Seite 103).
Die Stoßdämpfer arbeiten zwar nach dem gleichen Prinzip wie die von Straßenautos, sind aber wesentlich aufwendiger gebaut, um rasche Verstellung von

[1] Der Elastizitätsmodul von Titan ist nur halb so groß wie der von Stahl, das heißt, daß sich ein Bauteil aus Titan bei gleicher Dimensionierung und Belastung doppelt so stark verformt wie ein identischer Stahlteil. Titan ist also doppelt so elastisch wie Stahl, eignet sich daher besonders gut für Fahrwerksfedern, weil man nur die halbe Windungszahl benötigt. Weiterer Vorteil: Titan ist um 40 Prozent leichter als Stahl. Nicht geeignet ist Titan für jene Bauteile, die besonders steif sein sollen (Kurbelwelle), abgesehen davon, daß Titan sehr schlechte Gleiteigenschaften besitzt, es verreibt jedes Gleitlager. Um das Thema Titan abzurunden: Titan ist viel teurer als Stahl und schlechter zu bearbeiten. Es existiert in hochwertigen Legierungen, die aber immer noch weniger Festigkeit haben als hochwertige Stahllegierungen. Auch Titan ist also kein Wunder-Werkstoff.

Zug- und Druckstufe zu ermöglichen. Einrohr-Gasdruckstoßdämpfer werden trotz ihrer zahlreichen Vorteile nicht verwendet, weil sie nicht von außen verstellt werden können. Man müßte also, um eine andere Dämpfung zu erhalten, jedesmal das komplette Federbein wechseln, was viel Zeit kostet und den Ersatzteilbedarf beträchtlich erhöht.

Bei einem richtig konstruierten Fahrwerk ist es eigentlich selbstverständlich, daß man nach geeigneten Verstellungen zu einem neutralen Fahrverhalten kommt. Das setzt voraus, daß alle wichtigen Aufhängungselemente für jedes Rad getrennt einstellbar sind, das sind im einzelnen:

- Bodenfreiheit vorne und hinten durch Verdrehen der Aluminium-Federteller an den Gewinden der Stoßdämpfer;

Mit jenem Auto, das Hesketh Mitte 1975 präsentierte, ging man noch einen Schritt weiter: Bereits die gesamte Vorderradaufhängung ist von Grund auf für das Konzept der Gummifederung ausgelegt. Da die Vorderräder durch die Schnauze stark abgedeckt werden, wären die (normalerweise üblichen) Belüftungshutzen für die vordere Scheibenbremsen unwirksam. Mittels zweier knapp neben dem Rumpf liegenden Luftkästen wird die Luft eingefangen und über Schläuche der Bremse zugeführt.

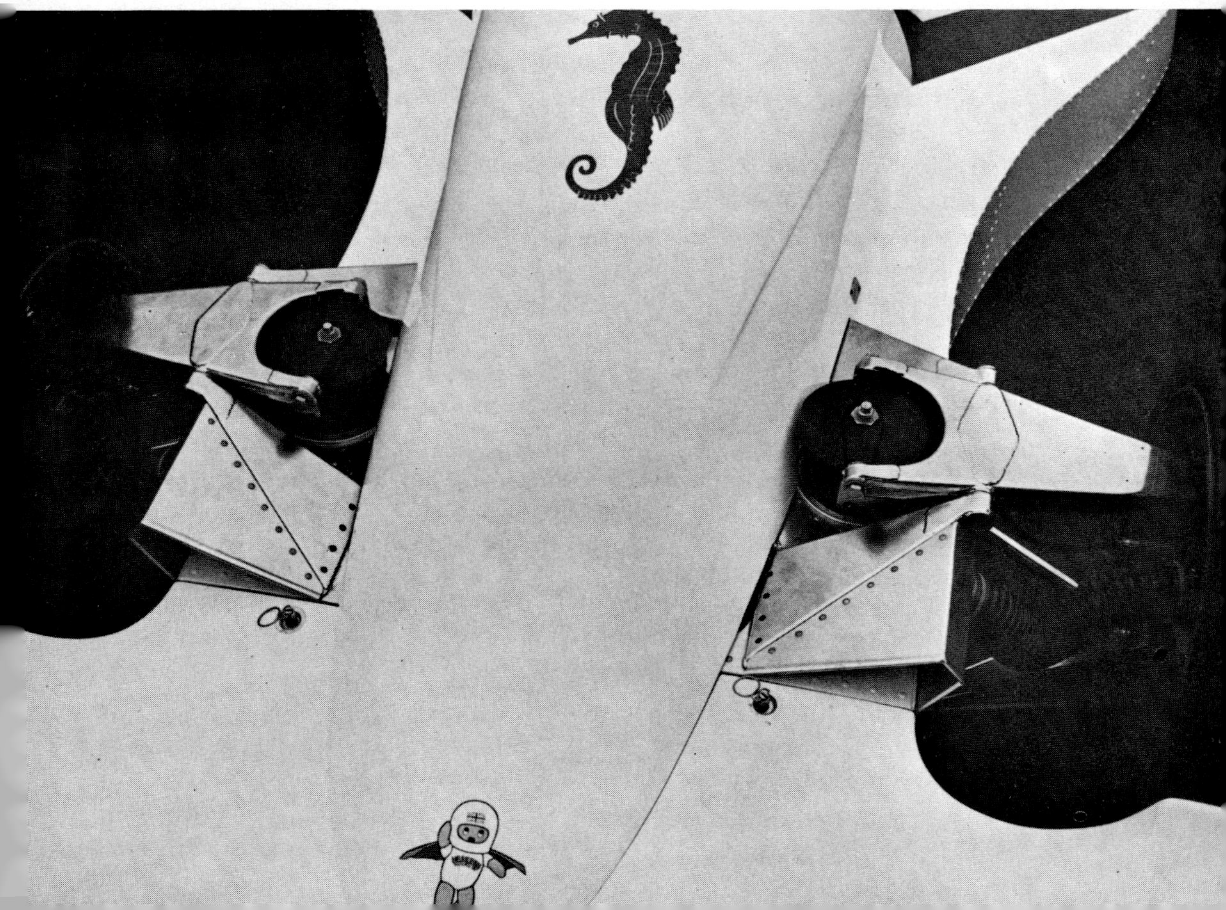

Beim neuen Hesketh wird auch die hintere Feder in Gummi ausgeführt — es handelt sich also um ein Gummifederbein statt Schraubenfederbein. Die tragende Funktion des Motors erkennt man hier gut daran, daß sich die Halterung des Federbeins auf einer Seite direkt am Zylinderkopf abstützt (Pfeil 1). Auf der anderen Seite gibt es eine geschweißte Hilfskonstruktion (Pfeil 2), die gleichzeitig auch die Lagerung des Stabilisators (hier als gebogenes Rohr ausgeführt) wie auch die Aufnahme für das innere Unibalgelenk (Pfeil 3) des oberen Querlenkers beinhaltet.

- ○ Federhärte durch Auswechseln der Federn;
- ○ Zug- und Druckstufe der Stoßdämpfer durch Verdrehen eines Einstellrades am Stoßdämpfer oder durch kompletten Austausch der Stoßdämpfer;
- ○ Vorspur an der Vorderachse durch Verdrehen der beiden Spurstangen;
- ○ Nachlauf der Vorderräder durch Verschieben der oberen oder unteren äußeren Querlenkerpunkte in Längsrichtung;
- ○ Sturz der Vorderräder durch Verschieben der oberen oder unteren Querlenkerpunkte in Querrichtung;

Vordere Radaufhängung des Ferrari 312 T. Die innenliegenden Federbeine hat man vor allem deshalb gewählt, um den Zugang der Luft zu den beiden Wasserkühlern freizuhalten. Die wesentlichen Teile der Radaufhängung sind in einem Träger (1) aus Magnesium gelagert. An diesem Träger sind ferner die Zahnstangenlenkung, die Bremszylinder und zwei Bremsflüssigkeitsbehälter befestigt. Die oberen Querlenker (2) müssen in diesem Fall biegesteif sein, da sie neben ihrer Aufgabe der Radführung auch noch die innenliegenden Federbeine „bedienen" müssen. Klarerweise werden die Querlenker dadurch gewichtiger, doch dieser Nachteil wird durch eine Raffinesse ausgeglichen. Normalerweise müßte der Stabilisator über die ganze Chassisbreite gehen, um außen an den Radträgern die Federbewegung abzunehmen, hier wurde dies eleganter und vor allem gewichtsparend gelöst: Da die Bewegungen ohnedies zur Wagenmitte geleitet werden, genügt ein kurzer Torsionsstab (3), der als Stabilisator arbeitet. Über zwei Reaktionsstäbe (4 zeigt einen davon) werden zwei Hebelarme betätigt, die auf die Vielfach-Verzahnung des Torsionsstabs wirken. Die Hebelarme haben mehrere Einstellöcher, um die Wirkung des Stabilisators zu erhöhen oder zu vermindern. Selbstverständlich können auch verschieden starke Torsionsstäbe eingesetzt werden.

Hintere Radaufhängung des Ferrari 312 T, bestehend aus einem Längslenker (1), einem unteren Trapezquerlenker (2), einem oberen Querlenker (3, halb vom Schlauch verdeckt), dem Radträger (4) aus Magnesium, Federbein und Stabilisator (5)

Die bei Formelwagen (hier Ferrari 312 T) übliche Ausführung des hinteren ▶ Stabilisators (1). Der Torsionsstab wird über zwei Hebelarme betätigt. Damit sich die Hebelarme auf dem Torsionsstab nicht verdrehen können, sind Stab und Arm gegeneinander verzahnt und verklemmt. Der Hebelarm hat insgesamt fünf Löcher (2), in die das Unibal-Gelenk des Reaktionsstabs eingehängt werden kann, um so die Stabilisatorwirkung zu verändern. Im vorliegenden Fall ist der Stab auf die weichste Möglichkeit eingestellt (also am letzten Loch = maximale Wirkungslänge). Auffallend an diesem Bild sind die hellen Flecken am Umfang der linken innenbelüfteten Bremsscheibe. Es handelt sich dabei um Anstriche mit verschiedenen Farben, die die Eigenschaft haben, sich bei verschieden hohen Temperaturen zu verfärben. So wird die Betriebstemperatur der Bremsscheiben festgestellt, bei Bedarf wird der Belüftungsschacht zur Bremsscheibe mehr oder weniger geöffnet oder geschlossen.

2
1
2

Verstellbarkeit der Aufhängungselemente

- ○ Vorspur der Hinterachse durch Verändern der Querlenkerpunkte;
- ○ Sturz der Hinterräder durch Verschieben der oberen oder unteren Querlenkerpunkte in Querrichtung;
- ○ Radlaständerung bei Wagenkasten-Querneigung durch Veränderung der Stabilisatoreinstellung oder Auswechseln des Stabilisators vorne oder hinten.

Die Grundeinstellung all dieser Werte erhält das Auto nach Fertigstellung in der Fabrik. Dies wird auf einer großen waagrechten Richtplatte durchgeführt. Diese Einstellung kann sich später zum Beispiel dadurch verändern, daß sich die Fahrwerksfedern setzen, Gelenklager Spiel bekommen oder Bordsteine, Leitschienen usw. berührt werden. Bei diesem genauen Vermessen des Autos im Werk werden nicht die dicken Gummiräder montiert, sondern der Wagen steht auf schmalen Aluminiumscheiben, die statt der Felgen angeschraubt sind und im Durchmesser genau den Reifen entsprechen. Das erleichtert das Einstellen und schließt Fehler auf Grund unterschiedlicher Reifen oder Luftdrücke aus.

Nach der Grundeinstellung wird das Fahrzeug mit den Aluminiumscheiben auf vier Waagen gestellt, um die Radlasten zu kontrollieren. Zur Bestätigung, daß alles in Ordnung ist, müssen die beiden Waagen jeder Achse jeweils den gleichen Wert anzeigen. Geringfügige Unterschiede können durch Verdrehen der Federteller korrigiert werden. Muß dieses Auswiegen auch an der Rennstrecke in der Box erfolgen (zum Beispiel nach einem leichten Unfall), ist es oft schwierig, eine völlig ebene Fläche zu finden. Man baut vier Podeste, die sorgfältig nivelliert werden, darauf kommen dann die Waagen zu stehen.

Bei Testfahrten wird neben Veränderungen der erwähnten Gegebenheiten, die schon einen großen Einfluß auf das Fahrverhalten haben, der Einfluß anderer Anlenkpunkte (Veränderung des Momentanzentrums der Radaufhängung) untersucht. Entgegen den allgemeinen Erwartungen ändert sich dadurch das Fahrverhalten des Autos nur wenig. Im Laufe der Zeit haben sich hier die optimalen geometrischen Bedingungen praktisch von selbst ergeben, so daß heute fast alle Formel-I-Autos von der Kinematik her sehr ähnliche Aufhängungen haben.

Eine weitere Variationsmöglichkeit in der Fahrzeugabstimmung ist durch die Flügel gegeben.

Reaktionen

Auswirkungen im einzelnen:

- ○ Zuwenig Vorspur vorne: Auto ist beim Anbremsen unruhig;

- ○ Zuviel Vorspur: Übermäßiges Erwärmen der Reifen-Innenseiten;
- ○ Zuwenig Vorspur hinten: Unruhiges Fahrverhalten;
- ○ Zu weiche Federn: Fahrzeug rollt zu stark bei Kurvenfahrt (Querneigung);
- ○ Zu harte Federn: Fahrzeug rollt zuwenig, verschlechterte Ansprache auf Stabilisatoren, Fahrzeug springt zuviel über Bodenwellen;
- ○ Zu weiche Dämpfer: Auto knickt im Kurveneingang ein und legt sich abrupt auf die Gummianschläge der Radaufhängung, Untersteuern im Kurveneingang;
- ○ Zu harte Dämpfer: Auto springt bei Bodenwellen und reagiert schlecht auf die beiden Stabilisatoren bei raschen Richtungsänderungen;
- ○ Zuviel Nachlauf: Auto schwer zu lenken;
- ○ Zuwenig Nachlauf: Wenig Lenkkräfte erforderlich, aber schlechter Kontakt mit der Straße;
- ○ Zuviel Sturz vorne: Übersteuern;
- ○ Zuwenig Sturz vorne: Untersteuern;
- ○ Zuviel Sturz hinten: Untersteuern;
- ○ Zuwenig Sturz hinten: Übersteuern;
- ○ Zu weicher Stabilisator vorne: Übersteuern;
- ○ Zu harter Stabilisator vorne: Untersteuern;
- ○ Zu weicher Stabilisator hinten: Untersteuern;
- ○ Zu harter Stabilisator hinten: Übersteuern.

Nun zu den Flügeln, die vor allem in schnellen Kurven das Fahrverhalten eines Autos prägen. Dabei gilt folgende Regel: Mehr Flügel (= steilere Stellung des Flügels) ergibt verminderte Höchstgeschwindigkeit, dafür aber mehr Anpreßdruck und damit höhere Querbeschleunigung (= schnellere Kurvenfahrt), Rollwiderstand der Reifen wird erhöht.

Zuviel Flügel vorn ergibt Übersteuern, zuviel Flügel hinten führt zu Untersteuern.

Nur selten und auch dann nur ganz gering (10 mm für den Nürburgring) wird die Bodenfreiheit verändert. Wenn die Gefahr des Aufsitzens besteht, montiert man ansonst lieber einen Unterbodenschutz. Ansonst kann man auch die Gummi-Anschläge der Federbeine erhöhen.

Jedes Formelauto hat einen vorderen und hinteren Stabilisator, deren Veränderung das Fahrverhalten stark beeinflußt. Prinzipiell erreicht man mit „hinten härter“ den gleichen Effekt wie mit „vorne weicher“ und umgekehrt. In bestimmten Fällen konzentriert man sich aber ganz bewußt auf einen der beiden Stabis. Wenn das Auto zum Beispiel am Kurvenausgang beim Beschleunigen zu stark übersteuert, macht man den Stabilisator hinten weicher. Das bewirkt, daß das kurveninnere Rad mehr Bodendruck bekommt, wo-

Je nach Auslegung der Radaufhängung in bezug auf Anti-Dive (gegen das Absenken der Schnauze beim Bremsen), federn Autos beim Anbremsen mehr oder weniger stark ein. Der McLaren Fittipaldis ist in dieser Situation ein gutes Beispiel für starkes Nicken (die Schnauze streift schon fast an der Fahrbahn). Der Vorteil dieser Auslegung ist, daß sich der Winkel des gesamten Fahrzeuges zur Straße (in Längsrichtung) vergrößert und somit über die Flügel ein verstärkter Bodendruck beim Bremsen ausgeübt wird, was die Bremswirkung natürlich erhöht. Der Nachteil: Allfällige Bodenwellen in der Bremszone können nicht mehr geschluckt werden, das Auto wird vorne unruhig und springt.

durch die Hinterachse mehr Seitenführungskraft aufnehmen kann und das Übersteuern abgebaut wird. Erst wenn man nicht weiter verstellen kann, beginnt man mit der Härter-Stellung des vorderen Stabilisators, verschlechtert damit die Seitenführung der Vorderachse und erreicht den gleichen Effekt.
Beim Weicher-Machen der Stabilisatoren neigt sich das Auto in Kurven stärker. Ich persönlich fahre ganz gern mit einem Wagen, der bis zu einem gewissen Maß „rollt", (besserer Kontakt zur Fahrbahn), doch darf man nicht übertreiben. Insbesondere in Schikanen (rasche Folge von links-rechts) neigt sich dann das Auto sehr schnell, bis diese Neigung abrupt von den Gummi-Anschlägen (bump stops) aufgefangen wird, also auf Block geht. Das führt zu

Dieses außergewöhnliche Foto zeigt drei Autos mit jeweils unterschiedlichem Fahrverhalten. Der Ferrari Laudas (12) ist völlig neutral ausgelegt, der Tyrrell Jody Scheckters (3) ist leicht übersteuernd, der McLaren Fittipaldis (1) stark untersteuernd.

einem unharmonischen und nervösen Fahrverhalten, das man gewiß nicht brauchen kann.
Das andere Extrem sind zu hart eingestellte Stabilisatoren. Sie verringern zwar die Seitenneigung und vereinfachen das Fahren, erlauben aber meiner Meinung nach keine optimal schnellen Rundenzeiten, weil beim einseitigen Einfedern die Federung stark verhärtet wird und somit der Straßenkontakt bei Bodenwellen früh verlorengeht. Selbstverständlich wird das Fahrverhalten auch von der Härte der eigentlichen Fahrwerkfedern — im Fall Ferrari Schraubenfedern — beeinflußt, die jedoch, wenn man einmal die richtige Härte gefunden hat, kaum mehr verändert werden.
Aus all dem ersehen Sie, welch hochtechnische Aufgabe das Einstellen eines Autos für den Fahrer ist. Sie müssen bedenken, daß sich in der Praxis die einzelnen Effekte natürlich nicht so klar abzeichnen wie hier beschrieben. Eine Veränderung kann neben dem gewünschten Effekt auch unerwünschte Nebenfolgen mit sich ziehen, so daß alles noch komplizierter wird. Dann kommt unweigerlich der Punkt, an dem alle Feinfühligkeit des Fahrers nichts mehr nützt — er muß die Stoppuhr über Vor- oder Nachteile gewisser Maßnahmen entscheiden lassen. Dazu ist es unbedingt notwendig, daß nach jeder getroffenen Veränderung sofort drei bis vier optimal schnelle Runden gefahren werden. Die dabei gestoppten Zeiten sind ein objektives Urteil.

Fahren

Das Anwerfen und Aufwärmen eines Formel-I-Motors hat ein bißchen etwas Zeremonielles an sich — aber natürlich wird alles bloß von nüchternen technischen Gegebenheiten diktiert. Zumeist erledigen alles die Mechaniker, und ich kann mich bereits in ein voll einsatzfähiges Fahrzeug setzen. Manchmal, wenn die Zeit knapp ist und ich aus irgendeinem Grund schon im Wagen sitze, übernehme ich das Vorspiel auch selbst.

ANSTARTEN UND AUFWÄRMEN

Um die Bordbatterie zu schonen, wird zum Anstarten eine Hilfsbatterie am vorgesehenen elektrischen Schnellverschluß des Fahrzeugs angeklemmt. Dann legt ein Mechaniker den Hauptschalter (rechts an der Flügelstütze, hinter der Bordbatterie) um. Nach Einschalten der Zündung durch den entsprechenden Schalter am Lenkrad muß wie auch in jedem anderen Auto die Öldruckwarnleuchte brennen. Ein Blick auf den Benzindruck zeigt, ob die mittels Schalter aktivierte elektrische Benzinpumpe genügend Druck für die Einspritzdüsen liefert. Nach Betätigung des Anlasserknopfs sollte der Motor ohne größere Mätzchen anspringen, darauf muß die Öldruckwarnleuchte sofort erlöschen und der Öldruckmesser einen Wert von etwa 9 kp/cm² anzeigen. Übrigens wird für den gesamten Startvorgang das Gemisch angereichert, was durch simples Verstellen der Einspritzpumpe per Hand möglich ist.
Nach dem Anspringen wird nur soviel Gas gegeben, daß der Öldruck nicht über 10 kp/cm² ansteigt, damit vermeidet man, daß das kalte (und somit steife) Öl an den diversen Ölschläuchen oder am Ölfilter Schaden anrichtet. Zu diesem Zeitpunkt liegt die Drehzahl bei rund 3000 U/min, also noch unterhalb des Anzeigebereichs des Drehzahlmessers.

Aufwärmen

Wenn Öl und Wasser zirka 60 Grad erreicht haben, steigert man langsam die Drehzahl und beginnt — auf gut österreichisch — zu „melken", das heißt, der Schieber wird immer kurzzeitig geöffnet und wieder geschlossen. Das macht man entweder über das Gaspedal oder mit dem Finger direkt an der Maschine. Das „Melken" soll ein Verrußen der Zündkerzen vermeiden, was bei konstanter Drehzahl — solange das Gemisch noch fett ist — wohl passieren könnte (ich habe ja schon erwähnt, daß man sogenannte Aufwärmkerzen nicht mehr verwendet, daß deren Austausch bei einem Ferrari auch eine unerhört zeitraubende Angelegenheit wäre, die wir uns gar nicht leisten können).
Bei niedrigen Außentemperaturen werden die (je zwei) Öl- und Wasserkühler von vornherein mit Klebebändern abgedeckt, um den Motor durch den Fahrtwind nicht wieder zu stark abzukühlen. Ein Thermostat, wie er in Serienfahrzeugen die Temperatur konstant hält, existiert in einem Formel-I-Wagen nicht — er wäre nur eine weitere Defektquelle und eine weitere Komplikation der technischen Wechselwirkungen. Die ersten Runden eines Trainingstages dienen ohnedies nur zur Instrumentenbeobachtung und nicht zu irgendwelchen Heldentaten, man schenkt den Öl- und Wassertemperaturen daher viel Aufmerksamkeit und kommt zur Box, wenn sie nicht stimmen — man hat ja alle Regulierungsmöglichkeiten durch mehr oder weniger Klebeband-Abdeckung der Kühler.
In den ersten Runden gilt allen Arten von Geräuschen besondere Beachtung, vor allem natürlich dann, wenn vorher ein neuer Motor eingebaut wurde. Die Erfahrung bringt es mit sich, daß man bald erkennt, ob die Maschine richtig läuft oder ob eventuell ein Zylinder aussetzt oder ob es „unerlaubte" Vibrationen im Motor gibt. Daß man in keinem Fall weiterwurstelt, sondern sofort die Mechaniker ansetzt, ist ja klar; ebenso klar ist, daß den Freunden durch eine möglichst präzise Beschreibung des Fehlverhaltens — wenn möglich gleich Diagnose — geholfen ist.
Das langsame Warmfahren — zwei bis drei Runden auf durchschnittlich langen Rennstrecken — tut nicht nur dem Motor, sondern auch allen anderen bewegten Teilen gut, weil kalte Öle (Getriebe) oder Fette (Radlager) schlecht schmieren.
Wenn das Auto gut aufgewärmt ist und die Temperaturen stimmen (rund 85 Grad Wasser und rund 80 Grad Öl), wird überprüft, ob der Motor in allen Bereichen richtig läuft und ob der Drehzahlbegrenzer beim gewünschten Limit einsetzt. Helfen kann man sich im ersten Fall durch Verstellen der Einspritzpumpe, im zweiten durch Verdrehen einer kleinen Einstellschraube.
Dann ist es soweit, daß man darangehen kann, ein paar schnelle Runden zu fahren.

Die Lufthutze aus PVC führt Kühlluft in das Zentrum des Radträgers und somit in die Bremsscheibe. Die erwärmte Luft strömt dann durch die spiralförmig angeordneten Belüftungskanäle der Bremsscheibe aus. Weiters ist auf diesem Bild der Befestigungsstummel für das Rad zu sehen — Zentralverschluß ist im Rennsport allgemein üblich. Die vier Bolzen knapp neben dem Gewinde dienen lediglich als „Mitnehmer", um ein Verdrehen des Rades gegen die Bremsscheibe zu verhindern.

Im Formel-I-Bau hat man die Bremsen recht gut in den Griff bekommen — es lag auch irgendwie nahe, würde ich sagen. Jedenfalls geben sie uns wenig Probleme und sind sehr verläßlich — sofern man ihnen in der Zeit des Einfahrens genügend Aufmerksamkeit zukommen ließ.
Alle Formel-I-Wagen haben an allen vier Rädern innenbelüftete Scheibenbremsen. Die hinteren Scheiben liegen innen, das heißt gleich neben dem Differential, an dem die Bremszangen direkt angeschraubt sind. Die vorderen Scheiben liegen bei fast allen Autos außen, und zwar neben oder in der Felge (lediglich Lotus fährt auch vorn mit innenliegenden Bremsscheiben). Alle Bremsen werden einzeln durch Lufthutzen mit umgelenktem Fahrtwind versorgt, und zwar wird dabei in die Mitte der nach innen offenen Scheibe geblasen, von wo die Luft dann durch vorgesehene Kanäle nach außen abströmen kann. Diese Belüftungen sind natürlich für sehr heiße Tage ausgelegt, daher werden sie bei kalten Außentemperaturen abgeklebt, denn zu kalt dürfen die Bremsen auch nicht werden. Um festzustellen, ob man im Training die richtige Betriebstemperatur erreicht hat, werden die Scheiben am Umfang mit mehreren Anstrichen versehen, die sich je nach der auftretenden Temperatur auf ganz bestimmte Art verfärben; man kann also präzise sagen, ob's paßt oder nicht.
Die Bremsbeläge sind extrem temperaturbeständig und verzögern auch noch jenseits der 500 Grad Celsius ordentlich. Dafür bedürfen sie aber vorher einer speziellen Wärmebehandlung (wie die Reifen). Da neue Beläge einen enormen Unterschied ausmachen und eine völlig andere Fahrweise erfordern, wird der Fahrer nachdrücklich gewarnt, wenn ihm die Mechaniker neue Dinger verpaßt haben — bei mir geschieht das durch ein rotes Klebeband am Lenkrad. Das Anbremsen neuer Beläge muß recht sorgfältig durchgeführt werden. Zunächst erwärmt man die Bremse ganz langsam, indem man den Bremsweg auf den zwei- bis dreifachen Wert ausdehnt. Wenn also normalerweise mein Bremspunkt 50 m vor einer bestimmten Kurve ist, steige ich bei neuen Belägen schon bei der 150-Meter-Marke auf das Pedal, natürlich einigermaßen behutsam. Bei durchschnittlicher Streckenlänge geht dieses Spiel zumeist vier Runden lang. Während dieser Zeit bremst das Auto ausgesprochen schlecht, und die Beläge stinken ganz jämmerlich (das riecht man nicht nur hinter dem Wagen, sondern auch deutlich im Cockpit). Das Bremspedal fühlt sich sehr hart an (exakter Bremsdruckpunkt, aber schlechte Verzögerung). Nach dieser Aufbauzeit müssen die Bremsbeläge eine Art Schockbehandlung bekommen, sie müssen überhitzt werden. Das geschieht, indem ich ein- oder zweimal aus voller Geschwindigkeit ganz brutal bremse, dadurch wird das Pedal weich (Fading). Anschließend werden ein oder zwei Runden ganz langsam gefahren, um die Bremsbeläge wieder abzukühlen — danach sind sie voll verwendungs-

fähig. Nur mit derartig behandelten Belägen kann man ernsthaft an einen Grand-Prix-Start gehen, in der Folge des Rennens wird dann fast die gesamte Belagstärke (10 mm) aufgebraucht.
Hat man die Beläge beim Anfahren nicht stark genug erhitzt, verglasen sie und sind zumindest so lange unbrauchbar, bis diese Schicht durch Abschmirgeln entfernt wird. Hat man zu stark erhitzt, brechen Teile des Belages einfach heraus.
Bei einwandfreier Funktion — die zumeist gegeben ist — halten die Bremsen derart gut, daß man in keiner Phase eines Rennens, auch nicht in den allerletzten Runden, ein Nachlassen der Bremswirkung spürt.
Bei Ferrari ist die Bremsanlage hinten und vorn praktisch gleich dimensioniert (gleiche Bremssättel, Kolben und Scheiben), woran man die Wichtigkeit der hinteren Bremsen abschätzen kann.
Für optimales Anbremsen ist natürlich die richtige Aufteilung der Bremskraft (vorn/hinten) entscheidend. Die Verstellung erfolgt an den beiden nebeneinander liegenden Bremszylindern (einer für vorn, einer für hinten). Die Betätigung der beiden Bremskolben geschieht über einen Waagebalken, wobei die Pedalkraft etwa in der Mitte des Balkens ansetzt. Je nach Verschieben dieses Punktes nach links oder rechts kann man der einen Achse mehr und der anderen weniger Bremskraft zuteilen. Beim Monoposto hat man ja freien Blick auf die Räder (Rückspiegel) und kann beim Anbremsen die Verzögerung jedes einzelnen Rades gut erkennen und danach die Bremskraftaufteilung korrigieren lassen.
Für den Fall, daß ein Bremskreis ausfällt, besitzt der Waagebalken einen Anschlag, so daß automatisch alle verfügbare Kraft über den Zylinder des noch intakten Kreises geht.
Was man bei nasser Fahrbahn macht, liegt auf der Hand: Mehr Kraft nach hinten.

GERADEAUSFAHREN

Klingt dumm, die Frage ist aber gar nicht unberechtigt: Gibt es Schwierigkeiten beim Geradeausfahren mit einem Formel-I-Auto? Im Prinzip gibt es sie nicht, in der Praxis kommt es aber sehr wohl vor — erstens dann, wenn irgend etwas an der Radgeometrie nicht stimmt, und zweitens mit kalten Reifen. Kalte Reifen laufen auch der winzigsten Unebenheit nach; statt geradeaus fährt man zickzack — und der Versuch des Schnellfahrens ist ein reines Abenteuer. Erst wenn der Reifen seine Betriebstemperatur erreicht hat, wird er elastisch und ermöglicht exaktes Fahren ohne Risiko.

Geradeausfahren: Auf glatter Fahrbahn (hier Kyalami) kein Problem . . .

An kalten Tagen (was in der Rennsportpraxis bedeutet: Knapp über dem Gefrierpunkt) erreichen die Reifen nie ihre optimale Betriebstemperatur. Da ist es unmöglich, beispielsweise die wellige Gerade in Brands Hatch voll zu fahren, weil der Wagen einfach außer Kontrolle geraten würde. Selbstverständlich ist auch exaktes Anfahren der Kurven in diesem Fall nicht möglich.
Bei normalen Reifenverhältnissen ist das Geradeausfahren auf Strecken wie dem Österreichring mit seiner besonders ebenen Fahrbahn ein Kinderspiel, jedermann könnte es. Das andere Extrem wäre der Interlagos-Kurs in Brasilien, hier muß man sich auf der Geraden genauso konzentrieren wie in den Kurven. Besonders schlimm ist es, wenn es in der Fahrbahn-Längsrichtung einen (wenn auch nur winzigen) Niveau-Unterschied zwischen den einzelnen Asphaltbändern gibt. Die Linie des Zusammentreffens der beiden Bänder nimmt man am besten genau zwischen die Räder, weil die Autos bei Befahren der „Nähte" in wirklich unangenehmer Art schlagartig seitlich versetzen.
Ein weiteres Problem beim Geradeausfahren kann sich durch den Wind erge-

... wohl aber auf der Rumpelpiste von Interlagos

ben, vor allem bei Waldschneisen, die plötzlich den Wind frei an die Rennstrecke lassen (etwa in Monza vor der Curva Grande). Bei starkem Wind kann es vorkommen, daß man unvermittelt zwei oder gar drei Meter seitlich versetzt wird, am schlimmsten ist es natürlich beim jeweils ersten Mal, wenn der Überraschungseffekt dazukommt.

SCHALTEN

Der rein bewegungsmäßige Vorgang des Schaltens ergibt kein Problem, speziell was den Ferrari betrifft. Voraussetzung ist jedoch, daß das Schaltgestänge exakt eingestellt ist und gut funktioniert — gar keine Selbstverständlichkeit bei Formel-I-Autos (das Getriebe ist ganz hinten, der Fahrer sitzt möglichst weit vorn, dazwischen muß das Schaltgestänge einige Hindernisse — Motor! — umgehen; dazu verwendet man möglichst spielfreie kleine Kardangelenke, mit denen man die Richtung der Schaltstangen gut umlenken kann). Wie schon beschrieben, haben wir bei Ferrari eine Kulissenführung für den Schalthebel, so daß man immer sieht, welcher Gang gerade eingelegt ist.
Schwer ist das Getriebe zu schalten, solange noch nicht die Betriebstemperaturen erreicht sind, weil das kalte Getriebeöl sehr dickflüssig ist. Ansonst geht der Schaltvorgang ohne Kraftanstrengung vor sich — natürlich möglichst schnell. Bei der enormen Beschleunigungsfähigkeit der Formel-I-Wagen spielt jede Zehntelsekunde, die durch das Schalten verloren geht, bereits eine Rolle. Zeit kann gespart werden bei den Wegen des Kupplungspedals und des Schalthebels. Die Kupplung wird so eingestellt, daß schon nach einem Pedalweg von wenigen Millimetern getrennt wird, und die Schaltwege von einem Gang in den anderen sind ebenfalls extrem kurz, etwa zehn Zentimeter, gemessen am Schaltknopf.
Weil's maximal schnell gehen muß, wird auch auf eine Synchronisation des Getriebes verzichtet, man muß also mit Zwischengas runterschalten, was nach einiger Gewöhnung völlig automatisch geschieht.
Der erste Gang wird erst knapp vor dem Moment des Losfahrens eingelegt, man startet also mit Leerlaufstellung und bleibt da so lange, bis die letzten Checks (Luftdruck, Verriegelung der Hauben) durchgeführt sind und man vom zuständigen Mann das Okay-Zeichen bekommen hat. Dieses Gangeinlegen ist mit einem kratzenden Geräusch und einer leichten Erschütterung des Autos verbunden, der Kraftschluß wird also wirklich fühlbar hergestellt. Die Geräusche lassen sich nicht vermeiden, sie haben auch keine Bedeutung. Das Geräusch ist um so weniger unangenehm, je niedriger die Drehzahl bei Einlegen des ersten Ganges ist, aber geht man zu tief, stirbt der Motor ab.

Solange voll gefightet wird oder ich schnelle Trainingsrunden fahren will, erfolgt das Hinaufschalten immer exakt an der Drehzahlgrenze (derzeit 12 300 U/min). Da ja im Training die Abstufungen des Getriebes entsprechend dem Kurs aufgeteilt wurden, hat man beim Herunterschalten für die jeweilige Kurve die Gewißheit, daß nach dem Einkuppeln der Drehzahlsprung „stimmt". Solange man nicht den falschen Gang sortiert, ist daher ein Überdrehen beim Zurückschalten nicht möglich.
Sollte ich im Rennen einen entsprechenden Vorsprung haben, setze ich mir ein neues Drehzahl-Limit für die Schaltpunkte, das etwa 200 bis 300 U/min tiefer liegt.

SPRINGEN

Eine der ganz seltenen Möglichkeiten, Formel-I-Wagen heute noch springen zu sehen: Zwischen Pflanzgarten und Schwalbenschwanz auf dem Nürburgring (im Bild Carlos Pace, Brabham, 1974). Die Räder sind voll ausgefedert. Der Fahrer muß unbedingt vom Gaspedal, um Überdrehzahlen zu vermeiden. Durch die schnelle Rotation (bei etwa 260 km/h) sind die Reifen bauchiger als sonst.

Springen

Man springt heute nicht mehr viel bei Grand-Prix-Rennen, die Formel-I-Autos sind einfach nicht für spektakuläre akrobatische Fahrweise ausgelegt. Die Flügel haben den Anpreßdruck der Autos derart erhöht, daß man heute mit unseren Fahrzeugen nur noch auf zwei Rennstrecken richtig zum Springen kommt: Auf dem Nürburgring (zweimal) und in Barcelona. Für diese Rennen wird der Boden einiger Fahrzeuge durch Magnesiumplatten geschützt, um beim Aufkommen Beschädigungen zu vermeiden.
Wichtigste Regel beim Springen: Vom Gas gehen, damit es bei durchdrehenden Hinterrädern nicht zu einem Überdrehen des Motors kommt. Zweiter Punkt der Aufmerksamkeit: Man muß versuchen, gerade abzuspringen und gerade zu landen, sonst würde man nach der Landung in einen Zick-Zack-Kurs kommen, der erst mühsam und unter Zeitverlust wieder ausbalanciert werden könnte.
Da die Autos nicht gerade zum Springen geschaffen sind, kann es durchaus vorkommen, daß ein Auto schlechte Flugeigenschaften hat und sich auch bei der Landung unangenehm verhält. Dies hat heute keine Bedeutung mehr, weil der Flug nur einen winzigen Teil einer Runde ausmacht. Das heißt also, daß man nicht durch umfangreiche Änderungen (an Vorspur oder Dämpfung) das Fahrzeug für diesen einzigen Augenblick anpassen wird, wenn es ansonst in Ordnung ist. Man wird im schlimmsten Fall vor dem Sprunghügel ein bißchen lupfen.

KURVENFAHREN

Das Kurvenfahren beginnt für mich in dem Moment, da der Beschleunigungsvorgang abrupt endet: Der rechte Fuß wechselt möglichst schnell vom Gas- zum Bremspedal. Den Bremspunkt findet man im Training empirisch heraus, dann wählt man entsprechende Eselsbrücken, um sich den Ort zu merken. In der Praxis gibt es für jede Kurve ein solches Merkmal, entweder eine Tafel oder irgendeine Äußerlichkeit an den Leitschienen oder am Fangzaun. Da man sich auch mit „kurz vor“ (dem Merkmal) oder „kurz nach“ helfen kann, hat man also für jede Kurve seinen entsprechenden Fixpunkt.
Es gilt das gleiche wie beim normalen Autofahren, man darf nicht wie ein Wahnsinniger auf die Bremse springen, ansonst würden die Räder blockieren. Ich drücke das Pedal relativ leicht nieder, bis ich den Druckpunkt gefunden habe, erst dann wird kräftig gebremst. Auf diese Art hat man das ganze Bremsmanöver gut unter Kontrolle.
Das Bremsen endet normalerweise beim Einlenken in die Kurve. Im gleichen

Moment wird auch wieder Gas gegeben, um das Auto auf konstanter Kurvengeschwindigkeit zu halten oder in der Kurve wieder zu beschleunigen.

Bei untersteuerndem Fahrverhalten habe ich mir angewöhnt, in die Kurve hineinzubremsen, weil man so das Geradeausschieben des Autos etwas überlisten kann. Dieses „Hineinbremsen" ist allerdings eine heikle Angelegenheit, weil es praktisch keine Korrekturmöglichkeit mehr gibt, wenn man sich einmal etwas zuviel zugemutet hat. Mit einem übersteuernden Auto ist eine solche Fahrweise nicht möglich, man würde sich sofort drehen.

Das Einlenken in die Kurve geht — je nach Auto — leicht oder nur mit ziemlichem Nachdruck vor sich. Es gibt träge Autos, die mit Gewalt hineingezwungen werden wollen; das traf beispielsweise für mein altes Modell, den B 3, zu. Mit dem 312 T ist das Einlenken wesentlich einfacher, der Wagen ist kurvenwilliger.

Das verpönte Bremsen in der Kurve, vor dem man den Alltagsfahrer immer wieder — mit Recht — warnt, kann bei uns schon mal passieren. Vor allem dann, wenn man zu früh mit dem Herausbeschleunigen begonnen hat, die Nase vorne zu hoch kommt und damit der Flügel nicht mehr soviel Anpreßkraft entwickelt, weil ja der Anstellwinkel nicht mehr stimmt. Man tippt dann kurz auf die Bremsen, um das Auto vorn wieder runterzuholen, somit stimmt wieder der Anpreßdruck, und der Wagen untersteuert nicht mehr.

Wenn ich beim Einlenken einen Unterschied zwischen willigen und unwilligen Fahrzeugen gemacht habe, so gibt es freilich auch Unterschiede während der echten Kurvenfahrt: Durch Untersteuern und Übersteuern. Bei der technischen Einführung wurde bereits erwähnt, daß sich diese Art des Fahrverhaltens durch die diversen Verstellmöglichkeiten (Sturz, Stabilisator, Flügel) fast beliebig hintrimmen läßt — natürlich auf möglichst neutrales Fahrverhalten. Beim Herausbeschleunigen aus der Kurve, bei stärkerem Einsatz der Motorkraft, läßt sich ein Übersteuern ohnedies nicht ganz vermeiden. Je stärker man es einschränken kann, um so früher läßt sich die volle Motorkraft auf den Boden bringen.

Über die sogenannte Ideallinie einer Kurve wurden schon ganze Bücher mit Zeichnungen und Erklärungen gefüllt. Ich bin der Meinung, daß alle diesbezüglichen Theorien nur zum Diskutieren da sind und in der Praxis überhaupt keinen Wert haben.

Achten Sie einmal auf eine bestimmte Kurve eines Großen Preises, Sie werden sehen, daß alle Fahrer auf genau derselben Linie fahren, es wird Ihnen weiters klarwerden, daß es sinnvollerweise gar keine andere Möglichkeit gibt. Ein halbwegs vernünftiger Rennfahrer findet ganz automatisch diese eine Ideallinie — ein schnell bewegtes Auto „will" ja dort gefahren werden —, aber

Ideallinie: Keine Wissenschaft — sie ergibt sich einfach

abgesehen davon ist Individualismus auch gar nicht möglich: Die Ideallinie ist (außer an den allerersten Tagen einer neuen Rennstrecke) nicht nur eine theoretische Linie, sondern eine durchaus handfeste Gegebenheit. Sie ist der einzige saubere Fahrstreifen einer Kurve. Der gesamte Gummiabrieb und alle sonstigen Fremdkörper wie Steinchen und Sand werden von den Fahrzeugen aus der Ideallinie weggedrückt und liegen nun daneben. Das Befahren dieser Nebenzone ist daher nur mit stark reduzierter Geschwindigkeit möglich. Kommt man aus irgendeinem Grund vom Ideallinie-Fahrstreifen ab, verlieren die Räder sofort Haftung, und man hat arge Schwierigkeiten, das Auto auf der Bahn zu halten. An ein wirklich schnelles Kurvenfahren ist unter diesen Umständen gar nicht zu denken. Wie stark sich diese Verunreinigungen auswirken, wird einem besonders dann deutlich, wenn man beim Überrunden eines langsameren Fahrers die Ideallinie verlassen muß (überrunden wird man notfalls auch in Kurven, wenn man mit dem „Nachgeben“ des anderen rechnet; überholen kann man aber nur auf der Geraden bzw. in Bremszonen, und dort wird ja öfter eine „Nebenspur“ befahren, so daß die Unterschiede nicht so

Die Optik der Ideallinie wird durch die (stärker belasteten) kurvenäußeren Räder geprägt

groß sind). Kommt man also beim Überrunden vom rechten Pfad ab, so nehmen die heißen, klebrigen Reifen den Schmutz auf, was man dem Auto sofort anmerkt — man muß einfach langsamer fahren. Erst nach durchschnittlich zwei Runden auf dem sauberen Fahrstreifen sind die Reifen wieder gereinigt, und man kann das ursprüngliche Tempo fahren. Bei Verwendung einer weichen Gummimischung kann es aber auch passieren, daß man den Schmutz überhaupt nicht mehr loskriegt — im Gegenteil, der Reifen nimmt immer mehr Fremdkörper auf und wird immer größer. Wie schon im Reifenkapitel erwähnt, kann es dann zu Vibrationen kommen, die mit Fortdauer immer ernster werden können.

Um noch einmal auf den Begriff der Ideallinie zurückzukommen: Die Zeiten, da man durch besonders „gute Wahl“ der „Ideallinie“ Zehntelsekunden herausschinden oder ein ganzes Rennen gewinnen konnte, sind vorbei, daher erübrigt sich in meinen Augen jede Theorie darüber. Vielleicht empfinden Sie es als Manko, in diesem Buch keine der berühmten Skizzen mit den strichlierten Linien, mit Scheitelpunkten, „apexes“ und so weiter zu finden, aber glauben Sie mir: Es ist eine brotlose Kunst. Heute ist derjenige der schnellste Fahrer, der sein Auto so abstimmen kann, daß er auf der einzig möglichen Linie am schnellsten fahren kann. Und diese einzig mögliche Linie ergibt sich nach geringer Praxis völlig von selbst.

Sehr viele Kurvenränder auf den Rennstrecken sind mit sogenannten „curbs“ begrenzt, im Deutschen müßte man wohl „Kurveneinfassung“ dazu sagen. Diese „curbs“ steigen nach außen an und bilden den schmalen Außenstreifen einer Kurve. Sie eignen sich sehr gut dazu, beim Herausbeschleunigen das übersteuernde Auto abzufangen, indem man das kurvenäußere Rad auf diese Erhöhung driften läßt. Dabei ist wichtig, beim Befahren dieser „curbs“ nicht vom Gas zu gehen, damit das Auto stabil gehalten wird. Den Fehler des Lupfens auf einem „curb“ machte einmal Regazzoni bei Testfahrten in Paul Ricard — er fand sich daraufhin mit kaputtem Auto in den Fangzäunen wieder. Ein Befahren der „curbs“ auf der Geraden, am Kurvenanfang (außen) oder am Scheitelpunkt (innen) ist in allen Fällen falsch, da das Auto abrupt aus der Bahn geworfen wird, man springt praktisch von seiner Linie weg. Und artistische Einlagen wie bei den Tourenwagen gibt es ja in der Formel I nicht — zumindest nicht gewollterweise.

Die „curbs“, seitliche Erhöhungen als Fahrbahnbegrenzung, sind auf diesem Bild schön zu sehen. Man wird nur in einer kämpferischen Phase des Rennens darüberfahren (wie es hier Emerson Fittipaldi tut), weil man damit Schäden an der Radaufhängung riskiert.

-Marlboro
Marlboro
TEXACO
Marlboro
1
GOODYEAR

Dann gibt es noch eine recht ungute Art von „curbs", die man auch beim Hinausdriften meiden muß, nämlich dann, wenn am Zusammentreffen von Fahrbahn und überhöhtem Streifen ein Knick entsteht. So ist zum Beispiel am Nürburgring zwischen den „curbs" und der Fahrbahn ein senkrechter Abfall von ca. 6 cm Höhe, das Rad müßte also zunächst gegen eine 6 cm hohe Kante fahren, was erstens für die Radaufhängung ungünstig, zweitens auch im Fahrverhalten problematisch wäre — der Knick würde das Auto sehr unruhig machen.

Sind kritische Situationen in Kurven noch zu retten? Es gibt zwei grundsätzliche Möglichkeiten: Flucht nach vorn oder Wenn-schon-dann-kontrolliert-Rausfliegen. Fährt man zu schnell in eine Kurve rein und das Auto beginnt so stark zu übersteuern, daß man weiß: In der nächsten Sekunde kommt der Dreher, in dieser Situation könnte man noch ganz schnell stoßweise Gas geben (wenn das Auto bereits zu kreiseln begonnen hat, ist natürlich nichts mehr zu machen!). Durch diese Gasstöße bekommen die Hinterräder wieder mehr Haftung, und man kann möglicherweise das Fahrzeug wieder einfangen.

Ist ein Dreher unvermeidlich, so wird man in den meisten Fällen ganz brutal auf die Bremse springen, um wenigstens die Richtung des Hinauswerfens bestimmen zu können. In diesem Fall wird das Auto nämlich tangential nach außen aus der Kurve fliegen, also in eine Gegend, in der man nicht mehr im Visier des Hintermannes ist und wo eigentlich auch genügend große Sturzräume warten sollten. Meistens findet man nachher an den Reifen nicht einmal Spuren der Blockade-Bremsung, weil sich das Drehen schon außerhalb der Ideallinie abspielt, also in verunreinigten Zonen, in denen die Reifen nicht mehr viel Haftung haben.

Die Zeit für die Entscheidung — Gasstöße oder Dreher mit Bremsung — ist denkbar kurz bemessen, man wird immer ganz instinktiv das eine oder andere tun. Klar ist, daß der Rettungsversuch mit dem stoßweisen Gasgeben ziemlich riskant ist — wenn er mißlingt, würde ein Aufprall mit wesentlich höherer Geschwindigkeit als bei der Drehen-und-Bremsen-Methode erfolgen.

Respekt vor den „curbs" in Monaco: Jochen Mass

KURVENKOMBINATIONEN

Man hört oft das Schlagwort von „Kurvenkombinationen“ und meint damit wohl zumeist nur eine Folge von Kurven, wobei beim Befahren der einen Kurve nicht Rücksicht auf die nächste genommen werden muß. Von wirklichen Kurvenkombinationen kann man eigentlich nur noch am Nürburgring, in Monaco (Bahnhof und Portier) und in Mosport, Kanada, reden.
Bei einer solchen Kombination überlege ich mir während des Streckenstudiums (per Pkw, im Rennauto oder vor einer Skizze), welche Kurve der Kombination die wichtigste ist. Meist ist es die letzte, weil man ja in die anschließende Gerade möglichst voll beschleunigen sollte.
Daß man eine echte Kombination befährt, merkt man eigentlich erst dann, wenn man irgendwo in Schwierigkeiten kommt. Man ist plötzlich in einer Kurve zu schnell und findet die Linie nicht mehr — man kann praktisch nur noch durch den Notausgang entwischen. Es ist wie bei einem Slalom, wo man einfach zu schnell geworden ist, um das nächste Tor noch zu schaffen. Solches passiert nur am Anfang des ersten Trainingstages. Dann stellt man sich darauf ein und fährt an einer gewissen Stelle langsamer, um dann den richtigen „Ausgang“ zu erwischen. Auch hier handelt es sich nur um die Geschwindigkeit und nicht um die Wahl einer Ideallinie. Die Linie ergibt sich automatisch und wird von jedermann gefahren. Wer sie nicht mit Leichtigkeit findet, hat einfach nicht die Voraussetzung für einen Rennfahrer, geschweige Formel-I-Piloten.

DIE ZEHN SCHWIERIGSTEN KURVEN

Um nicht zuviel abstrakt zu reden, will ich die diversen und recht vielfältigen Erscheinungsformen des Kurvenfahrens anhand von Beispielen aufzeigen. Ich habe mir dafür zehn Kurven von Grand-Prix-Strecken herausgesucht, und zwar jene zehn, die ich persönlich für die schwierigsten oder interessantesten halte. Wie im ganzen Buch ist auch hier nur von der Formel I die Rede, vom Blickpunkt eines Tourenwagen-Piloten könnte sich eine ganz andere Wertung ergeben. Die zehn Strecken habe ich alphabetisch gereiht.

Für mich persönlich eine der zehn schwierigsten Kurven auf heutigen Grand-Prix-Strecken: Die „volle“ Links plus Sprunghügel in Barcelona. Im Bild Jochen Mass, Sieger des tragischen Abbruchrennens von 1975

EXACO-M
Marlboro
2
GOODYEAR

Barcelona (Montjuich-Park)

Ich komme mit vollem Rohr in die Start- und Zielgerade und drehe dann den fünften Gang aus. In dieser Phase schießt man auf einen Sprunghügel zu und bleibt bis kurz vor dem Abheben am Pedal. Unmittelbar nach der Landung muß ich eine Vollbremsung für die kommende Zweite-Gang-Linkskurve einleiten. Erschwert wird die Sache dadurch, daß der Sprunghügel in einer leichten Krümmung liegt. Man versucht zwar, möglichst außen anzufahren und damit eine gerade Linie zuwege zu bringen, aber trotzdem springt

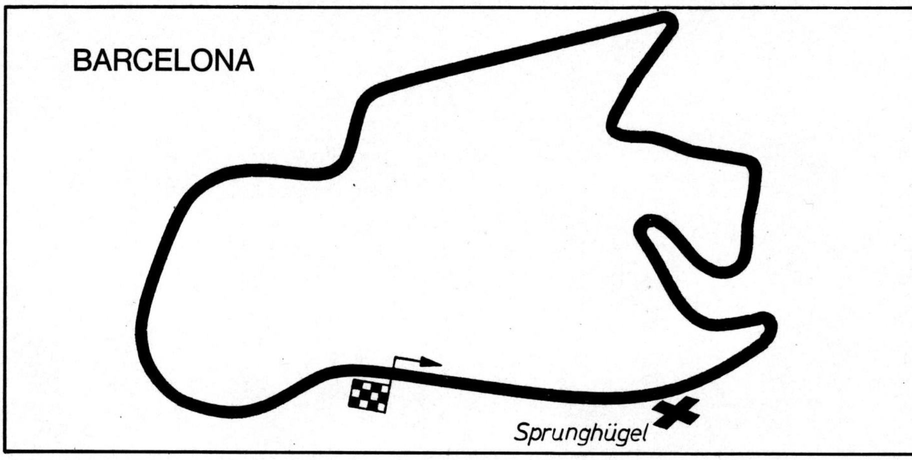

man nicht völlig gerade ab und kommt daher auch nicht satt auf — man landet etwa zuerst auf dem rechten Vorderrad. Durch die schiefe Landung kommt das Auto ins Schlenkern, und inmitten dieser Schlenkerbewegung mußt du voll bremsen. Man braucht ziemlich viel Herz dazu, das Gas bis zum allerletzten Moment stehenzulassen, denn: Je schneller beim Absprung, desto weiter der Sprung; je weiter der Sprung, desto kürzer wird die Bremsstrecke für die folgende langsame Linke. Dem Sprunghügel nähert man sich vorerst im Training mit allem geziemenden Respekt, man lupft und probiert einmal aus, wie die Dinge stehen. Dann bastelt man am Auto herum und tastet sich immer näher zu jener optimalen Abstimmung, die das „Voll“ über den Sprunghügel erst möglich macht (wobei das Problem nie beim Sprung selbst, sondern immer nur in der reduzierten hinteren Bremszone liegt).
Besonders pikant wird die Passage durch die Tatsache, daß die lange Gerade vor dem Sprunghügel die einzige ernsthafte Überholmöglichkeit auf dem ganzen Kurs bietet. Wenn der Überholtwerdende am Sprunghügel nach innen zieht (und zumeist tut er das), zwingt er mich, außen abzuspringen und

praktisch das Überholmanöver im Flug abzuschließen und auch wieder außen aufzukommen. Außen kann ich natürlich die gerade Absprunglinie nicht so gut halten, komme daher noch schiefer als normal und muß beim folgenden Schlenkern noch mehr mit dem Auto raufen — es ist also eine besonders tückische und schwierige Stelle. Ich muß mich jedesmal dazu zwingen, auch wirklich am Gas zu bleiben, aber letzten Endes glaube ich doch, daß ich diese Stelle mag, weil sie eine der wenigen ist, wo sich echte Unterschiede zwischen den Fahrern ergeben.

Brands Hatch

Brands Hatch ist unter allen Grand-Prix-Strecken der Welt ein Sonderfall. Es ist die schwierigste und unangenehmste Strecke, weil die Fahrbahn praktisch überall uneben ist. Das Auto kommt dauernd ins Springen. Je mehr Flügel man gibt, um so stärker wird das Fahrzeug auf den Boden gepreßt, desto stärker wird es aber auch in die Anschlag-Gummi der Radaufhängung gedrückt — und springt daher noch stärker. Man muß sich bei der Einstellung der Flügel daher für einen Kompromiß entscheiden.
Aufgrund dieser Sonderstellung möchte ich bei Brands Hatch zwei Kurven beschreiben. Beginnen wir mit Clearways, einer Rechten vor Start und Ziel. In der Mitte der Kurve ändert sich der Asphalt, die Fahrbahn hängt plötzlich nach außen. Man kann sich vorstellen, was passiert: Das Auto beginnt nach außen zu rutschen, und zwar ganz jämmerlich. Mir war schon zu meiner Formel-III-Zeit die Gefährlichkeit dieser Kurve klar, trotzdem habe ich mein Auto in einem Formel-III-Lauf dort in großem Stil rausgeschmissen.

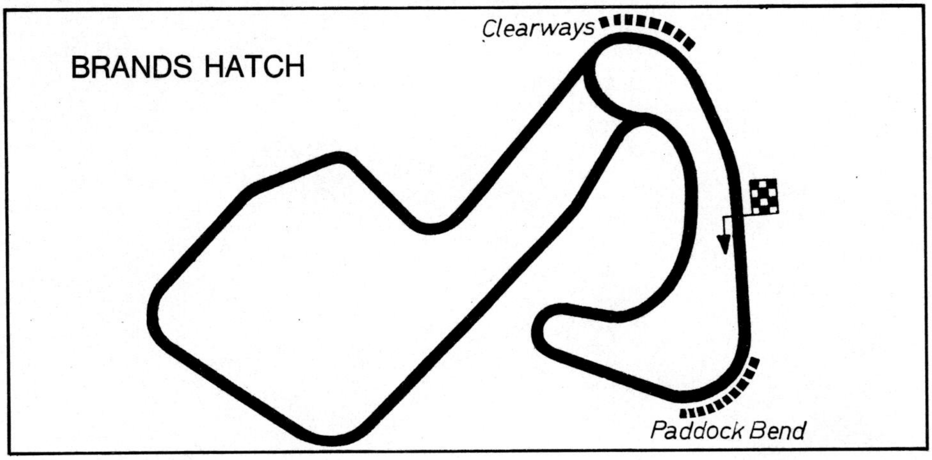

Paddock Bend in Brands Hatch: Oben das Startgedränge im Grand Prix 1974, unten jene Szene aus dem Race of Champions 1974, in der Niki vor Paddock Bend Emerson Fittipaldi ausbremst — im Regen!

Paddock Bend, die Rechtskurve nach Start und Ziel, ist auch nicht schwach. Es ist eine Bergabkurve, die relativ breit ist, nach außen hängt und dann schmäler wird. Wenn man mit vollem Dampf hineinfährt, läuft einem plötzlich die Straße weg, man hat einfach nicht genug Fahrbahn. Man kommt an der Außenseite, darf aber nicht zu weit außen sein, weil man sonst nicht mehr reinkommt, und muß dann aufpassen, die Geschwindigkeit so zu wählen, daß man immer ein bißchen untersteuert, weil der Kurvenausgang „hängt". Sogar das Anbremsen von Paddock Bend ist schon unangenehm, da die Bremszone unerhört holprig ist. Man kommt im vierten Gang hin und fährt im dritten durch.

Paddock Bend aus anderem Blickwinkel, Regazzoni vor Peterson (Grand Prix 1974)

Die „Curva 2“ fordert einem jedesmal eine Mutprobe ab, man kann nie sagen, daß diese Kurve nun schon Routine ist, man muß jedesmal aufs neue sein Herz in die Hand nehmen. Der fünfte Gang wird natürlich in Interlagos so übersetzt, daß man am Ende der langen Geraden ausdreht (also vor der „Curva 3“). Nur um ein paar hundert Touren weniger erreicht man am Ende der Startgeraden, also vor der „Curva 1“. Hier beginnt schon die Mutprobe: Im Ferrari komme ich mit 12 000 Umdrehungen im fünften Gang an. Normalerweise bremse ich einmal kräftig, dann komme ich im Training drauf, daß ich schneller und schneller fahren kann, dann traue ich mich irgendwann einmal, ohne zu bremsen durchzufahren — im fünften Gang nur mit einem Lupfer! Also: Kurz lupfen, reinlenken (es geht leicht bergab), voll aufs Gas, da komme ich automatisch ganz an den Fahrbahnrand. In diesem Moment beginnt aber schon die nächste Linkskurve, eben die „Curva 2“. Wenn man jetzt ein optimales Auto hat und sich traut, bleibt man während der ganzen zweiten Kurve am Pedal und ist am Kurvenausgang im vollen Drift. Im fünften Gang rutscht man bis zum äußersten Rand, und dort ist ein schmaler überhöhter Streifen, dahinter die Leitschiene, und dahinter wächst ein schmaler Betonturm raus. Wenn man hinausdriftet, wird der Turm immer größer und größer... und dann braucht man die ganze Gerade, um sich wieder zu beruhigen — und die nächsten dreimal lupft man, bis man sich wieder dazu zwingt, das Gas stehen zu lassen. Natürlich wird man diesen Einsatz nur dann riskieren, wenn man ein großartig liegendes Auto hat, denn durch das Driften mit Vollgas hat man ja keine Korrekturmöglichkeit — der kleinste Fehler,

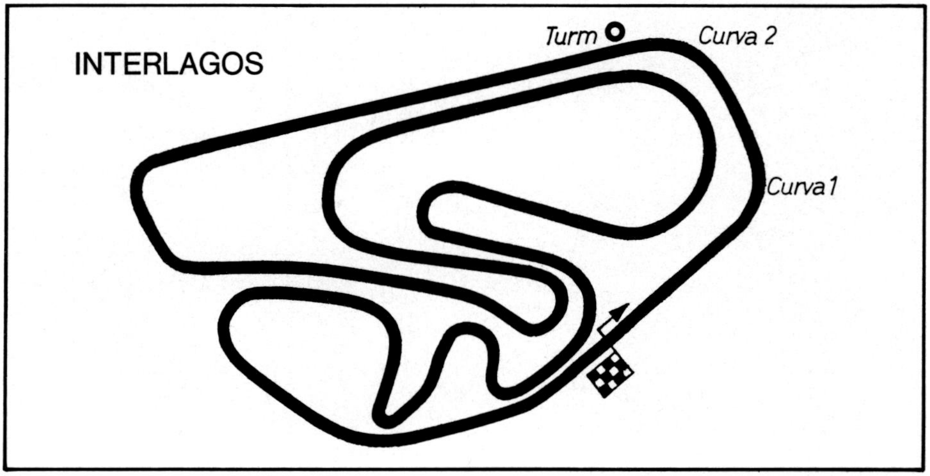

und du bist weg. Diese Kurve ist eine der ganz wenigen Stellen auf der Welt, an der man Formel-I-Autos im fünften Gang mit vollem Drift sehen kann. Bei einem stark untersteuernden Auto muß man brav vom Pedal gehen und warten, bis der Vorderteil reinwandert, dann kann man wieder Gas geben. Ist das Untersteuern aber nur leicht, dann muß ich im Scheitelpunkt der „Curva 2“ kurz vom Gas, gebe wieder Gas, um das Heck vorzubringen, und komme dann in schönen Drift. Aber, wie gesagt, wenn alles paßt, kann man vom Start/Ziel bis in die lange Gerade mit Vollgas (bis auf einen einzigen kleinen Lupfer vor der „1“) fahren, alles in einem einzigen Radius, ohne Ecke. Die Fliehkraft ist dort so stark, daß man Schwierigkeiten hat, den Helm geradezuhalten. Interlagos ist der einzige Grand-Prix-Kurs der Welt, der zwei Tage lang Nackenschmerzen hinterläßt. Ich habe schon zwei Wochen vor dem Rennen Übungen gemacht, um meine Nackenmuskeln zu stärken. Einige Fahrer haben sich auch für das Rennen Gummizüge von der Karosserie zum Sturzhelm einbauen lassen, um den Kopf samt dem schweren Helm geradehalten zu können. Auf jeden Fall: Wenn Sie den schönsten Drift von Formel-I-Autos im fünften Gang sehen wollen, müssen Sie nach Brasilien kommen und sich zur „Curva 2“ von Interlagos stellen.

Monza

Die Curva Grande ist eine langgezogene Rechtskurve am Ende der Start-und-Ziel-Geraden. Früher, als es die Schikane noch nicht gab, war die Curva Grande wirklich problematisch. Da beschleunigte man voll aus der Parabolica, kam auf der langen Geraden auf Höchstgeschwindigkeit und schoß auf die

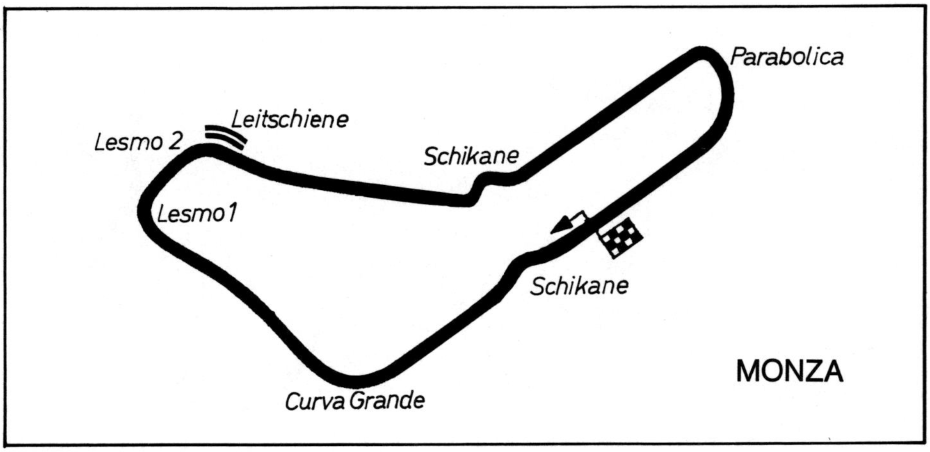

Curva Grande zu. Inzwischen hat man ja nach Start/Ziel eine Zweite-Gang-Schikane eingebaut, so daß man mit wesentlich reduzierter Geschwindigkeit zur Grande kommt. Sie ist nach wie vor ganz interessant, zählt aber wegen der Schikane nicht mehr zu den aufregendsten Kurven der Welt. Da würde ich die Kombination der beiden Lesmos anführen, wo unmittelbar am Kurvenausgang die Leitschienen lauern. Lesmo 1 ist eine Rechtskurve für den dritten Gang, dann legt man den vierten ein und kommt in die Lesmo 2, die deswegen unerhört wichtig ist, weil man aus ihr in eine lange Gerade hinausbeschleunigt. Wer Lesmo 2 verpatzt, verliert auf der Geraden viel Zeit. Im Bemühen, Lesmo 2 optimal zu fahren, läßt man sich ganz an den Rand hinaustragen und riskiert ein Zentimeter-Spiel mit der Leitschiene, die einem dort entgegenwächst. Im Training ist es mir zweimal passiert, daß ich mit dem Heck die Leitschiene ganz leicht touchiert habe, da mußte ich natürlich sofort das Auto vermessen lassen, um zu sehen, ob alles okay war. Im Rennen, wenn man echt um einen Platz kämpft und sich mit voller Härte in Lesmo 2 hineinläßt, rutscht man mit dem Gefühl auf die Leitschiene zu: Ujegerl, jetzt krieg ich eine „Leichte".

Mosport (Kanada)

In der von Start und Ziel am weitesten entfernten Passage des Kurses wartet besondere Heimtücke — und wieder eine Mutprobe. Es handelt sich um die Anfahrt zur Spitzkehre (2. Gang). Die Vollgas-Linkskrümmung vor dieser Haarnadel führt bergab in eine Senke, dann steigt die Straße wieder an zu der Spitzkehre. Wer in Mosport mitreden will, muß die Linkskrümmung ohne das

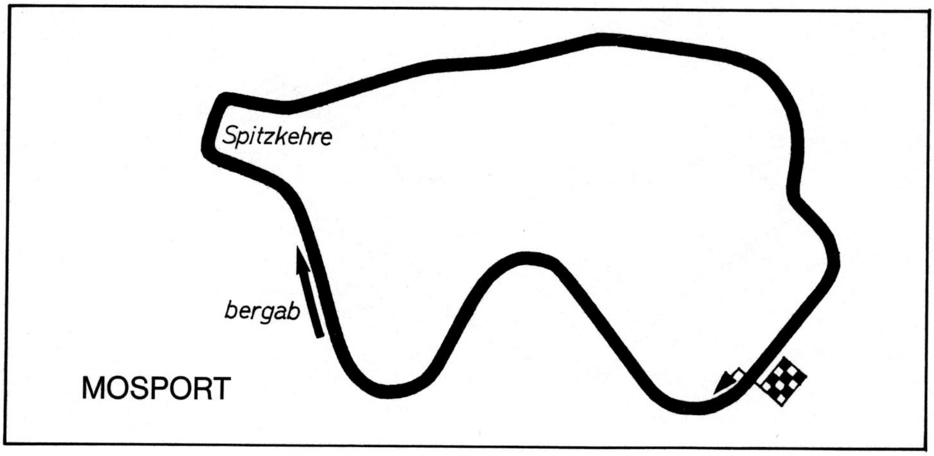

kleinste Lupfen fahren. Die Schwierigkeit dabei ist, daß die Fahrbahn konvex ist, man die Linie also gar nicht sieht und ins Blinde hineintaucht. Im Bergabfahren, auf hängender Straße, muß man dann die Haarnadel anbremsen (das bedeutet einen Tempounterschied von mehr als 100 km/h). Man muß sich bemühen, das Auto durch die ganzen Widrigkeiten dieser Krümmung so durchzubringen, daß es nicht schief zum Ausgang und damit in die Bremszone kommt. Überlagert sind all diese Dinge von der Feinheit, daß man wie ein Blinder hinunterreitet.

Nürburgring

Vom Nürburgring könnte man natürlich mehrere Kurven hervorheben. Jene, die ich auswähle, halte ich für die aufregendste Passage von allen Grand-Prix-Kursen der Welt, also noch schwieriger und noch faszinierender als die „Curva 2“ von Interlagos. Es handelt sich um jenen letzten übriggebliebenen ausgewachsenen Sprunghügel, anläßlich dessen Stuck einmal gesagt hat: „Da hat der letzte Schoas pfiffen.“ Die Passage liegt zwischen Pflanzgarten

Zwischen Pflanzgarten und Schwalbenschwanz mit allen vieren in der Luft

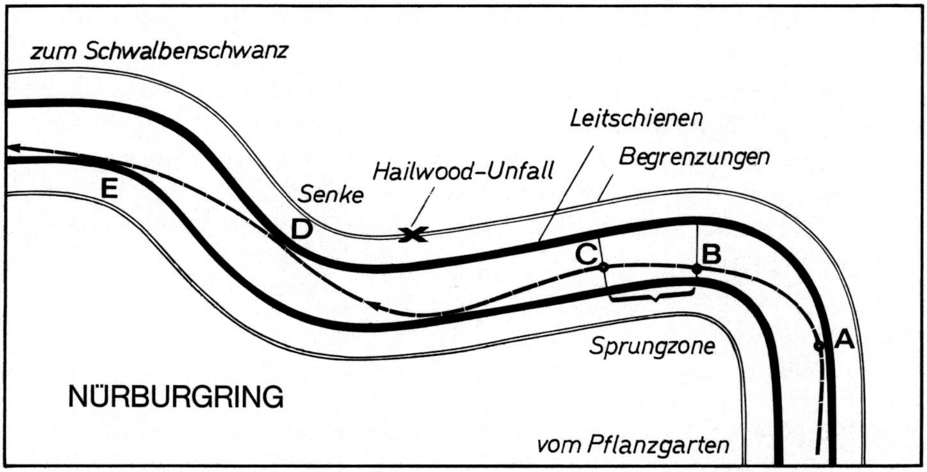

und Schwalbenschwanz, also etwa nach drei Viertel der Nordschleife. Alles spielt sich irrsinnig schnell ab, man kommt mit vollem Hammer und muß blitzartig auf völlig verschiedene Situationen reagieren. Es beginnt damit, daß man versuchen muß, möglichst gerade auf den Sprunghügel hinzukommen. Also muß man bei A weit hinaus, um B völlig innen anzufahren, um halbwegs gradlinig auf den Sprunghügel hinzustechen. Hundertprozentig gerade schafft man es nie, man hebt ein bißchen schief ab und kommt noch schiefer auf. Die Landung (bei C) erfolgt immer zuerst auf dem rechten Vorderrad, und zwar günstigerweise auf der linken Fahrbahnhälfte, um in guter Position für D zu sein.

Man hat kurz zuvor vom vierten in den fünften Gang geschaltet, ist bei A ganz außen und muß jetzt das Auto geradestellen, um B und den folgenden Sprunghügel in einer möglichst geraden Linie zu fahren. Wenn ich B schlecht anschneide, gehe ich zuweit rechts über die Schanze, komme zu weit rechts auf und komme nicht mehr rechtzeitig nach links, um für D in richtiger Position zu sein. Und wenn ich D nicht richtig nehme, komme ich auch bei E in Schwierigkeiten — das heißt also, daß ich zwischen A und B den Grundstein für eine Anderthalbkilometer-Strecke lege: Entweder schnell, langsam oder rausfliegen. Das alles wäre schon dramatisch genug, es wird aber durch das Problem der Landung nach dem Sprunghügel noch entscheidend erschwert. Ein

Carlos Pace hüpft's uns vor (1974): Sauber über die Kuppe gekommen, auf der günstigen linken Straßenseite, in guter Position für den kommenden Schlenker. Die leichte Schlagseite des Fahrzeugs nach rechts ist erkennbar — der Wagen wird zuerst mit dem rechten Vorderrad aufkommen

völlig gerades Abspringen ist einfach nicht möglich, daher kommt man unter allen Umständen schief auf. Man landet in jedem Fall auf dem rechten Vorderrad, man hat also alle Hände voll zu tun, um das Auto am Ausbrechen zu hindern. Besonders wild sieht es bei den Tourenwagen aus, die brauchen die ganze Straßenbreite und schlenkern wild hin und her. Auch die Formel-I-Wagen kommen arg ins Schlenkern. Dieses Schlenkern vor D unter Kontrolle zu bringen, ist die entscheidende Kunst an dieser Passage. Der Idealfall sieht so aus: Man kommt auf, schlenkert nach rechts, macht die Gegenbewegung nach links und windet sich mit dem folgenden Rechtsschlenker bereits durch D. Wenn man den Wagen nicht auf diesen Rechtsschlenker austarieren kann, also noch nach links schnackelt, muß man bremsen und verliert Zeit — oder man fliegt raus. Es gibt noch eine besondere Feinheit: Wenn bei D die Linie nicht ganz stimmt, könnte man den Randstein berühren, der in einem kräftigen Winkel ansteigt. Das Auto bekommt in diesem Fall eine derartige Ohrfeige, daß man bei E noch nicht Herr der Lage ist und dort über den nächsten Randstein raspelt . . . und dann ist die Situation wirklich kritisch.
Die Möglichkeit, sich arg zuzurichten, besteht natürlich auch vorher, direkt nach der Landung. So passierte der schwere Unfall Mike Hailwoods (1974), der das Ende seiner Karriere bedeutete: Mike kam derart schlecht mit dem rechten Vorderrad auf, daß es den Wagen brutal nach rechts verriß und in rechtem Winkel gegen die Leitschienen warf.
Zusammenfassend also: Man hat drei Probleme fast gleichzeitig zu schaffen. Die richtige Linie, um ordentlich abzuspringen, die Landung mit ihren Schlenkerern und die Vermeidung der Randsteine. Natürlich ist die Sache nur dann so dramatisch, wie ich sie hier schildere, wenn man mit vollem Rohr fährt. Man kann auch bremsen und sich ohne Probleme durchschleusen.

Österreichring

Hier meine ich nicht die Bosch-Kurve mit ihrer Leitschienen-Akrobatik, sondern die eher unauffällige Bergauf-Rechtskurve nach Start und Ziel. Das Problem liegt in der sagenhaften Geschwindigkeit (kurz zuvor dreht man den fünften Gang aus) und in der Tatsache, daß man beim Raufkommen den Kurvenausgang nicht sieht. Man hat daher keine Hilfe bei der Entscheidung, in welchem Moment man reinlenken soll. Erst in dem Moment, in dem man über die Kuppe kommt, weiß man, ob man richtig oder falsch gefahren ist. Hat man zu früh reingelenkt, kommt man auf das unangenehme Stöckelpflaster der Fahrbahnbegrenzung; hat man zu spät nach rechts eingeschlagen,

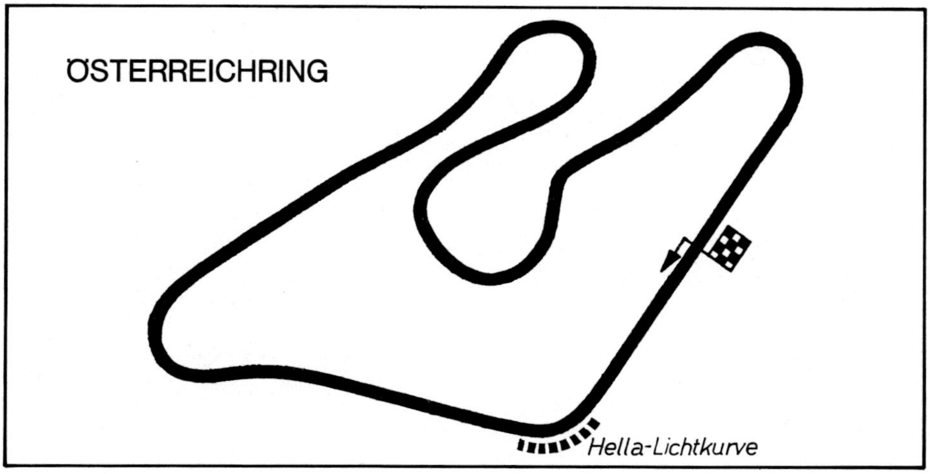

Aus diesem Bild wird deutlich, wie die Perspektive des Fahrers bei der Anfahrt zur Hella-Lichtkurve aussieht: „Man hat keine Hilfe bei der Entscheidung, in welchem Moment man reinlenken soll . . .“

Von oben sieht die Hella-Lichtkurve wesentlich undramatischer aus. Die Geschwindigkeit in der Rechtskurve ist aber so hoch, daß zumeist keine Korrektur mehr möglich ist

schafft man den Kurvenausgang nicht mehr, da steht man in der Leitschiene. Natürlich kommt es auf die Einstellung des Autos an: Wenn ich viel Flügel gegeben habe, fahre ich locker durch. Aber wenn ich den Wagen auf hohe Spitze ausgelegt habe (und das wird man ja auf dieser Strecke vernünftigerweise tun), wird es problematisch. Es ist eine jener Stellen, wo man kaum mehr korrigieren kann: Wehe, wenn man dort ins Rutschen kommt. Drum muß man sich Voll, Voll, Voll auch jedesmal neu einreden, man muß sich überwinden.

Silverstone

Woodcote war eine klassische Kurve, darum führe ich sie an, obwohl sie jetzt durch eine Schikane entschärft ist. Es ist die schnelle Rechte unmittelbar vor Start und Ziel. Am Kurveneingang ist die Fahrbahn sehr breit, am Ausgang (also vor Start und Ziel) aber relativ eng. Man fuhr Woodcote zuletzt bereits im fünften Gang mit nur leichtem Lupfen, allerdings brauchte man im Training einige Zeit, um sich heranzutasten — man begann jedesmal mit dem Vierten. Wenn man es ernst meinte, kam man also im Fünften, lupfte kurz, mußte den Eingang gut erwischen und fuhr in der Kurvenmitte über einen unangenehmen Höcker, der das Auto unruhig machte. Dann wurde der Kurven-

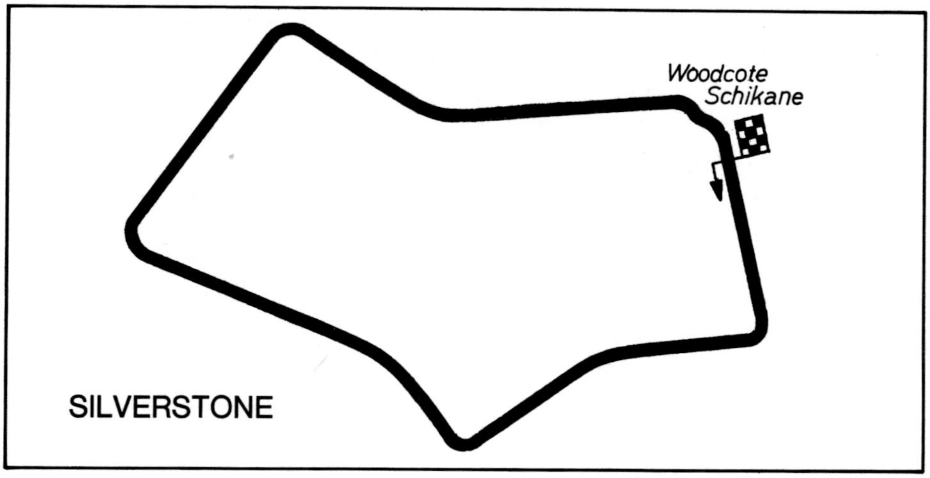

So sah es in Woodcote nach der Massenkarambolage von 1973 aus

ausgang plötzlich viel zu schmal, außerdem hatte man ein nervös gewordenes Auto. Wenn man den Scheitel passiert hatte, konnte man praktisch nichts mehr machen: Man stand am Gas und konnte nur hoffen, daß es sich ausgeht. Und wenn es nicht ausging, passierte ungefähr, was Jody Scheckter 1973 in der ersten Runde zugestoßen ist: Er wurde zu weit rausgetragen, kam auf die Wiese, drehte sich, dann schoß er quer über die Fahrbahn, krachte in die Boxenmauer und löste damit die Massenkarambolage aus. Mein Respekt vor Woodcote war jedenfalls sehr groß, ich fuhr im Training zehnmal mit dem vierten Gang durch, bevor ich einmal den Fünften einlegte und dann immer weniger lupfte.

Watkins Glen

Die schwierigste Passage ist jene, die François Cevert zum Verhängnis geworden ist — bei der Brücke etwa anderthalb Kilometer nach dem Start. Von der Startgeraden kommt man in eine problemlose Rechtskurve, die dann zu einer Rechts-Links-Passage über eine Brücke führt, nach der man auf die lange Gerade kommt. Um optimal herausbeschleunigen zu können, muß man diese Brückenpassage fehlerlos passiert haben. „Brücke" bedeutet in diesem Fall, daß die Leitschienen bis knapp zur Fahrbahn reichen, es gibt also nicht den kleinsten Sturzraum. Entscheidend ist die kleine Linkskrümmung vor der Brücke, aber beginnen wir bei der vorhergehenden Rechtskurve: Am Kurveneingang (der Rechten) wechselt man von außen nach innen. Normalerweise würde man dann wieder nach außen getrieben werden, aber da würde der Platz bei der Brücke knapp. Man muß also trachten, aus der Rechten in Fahr-

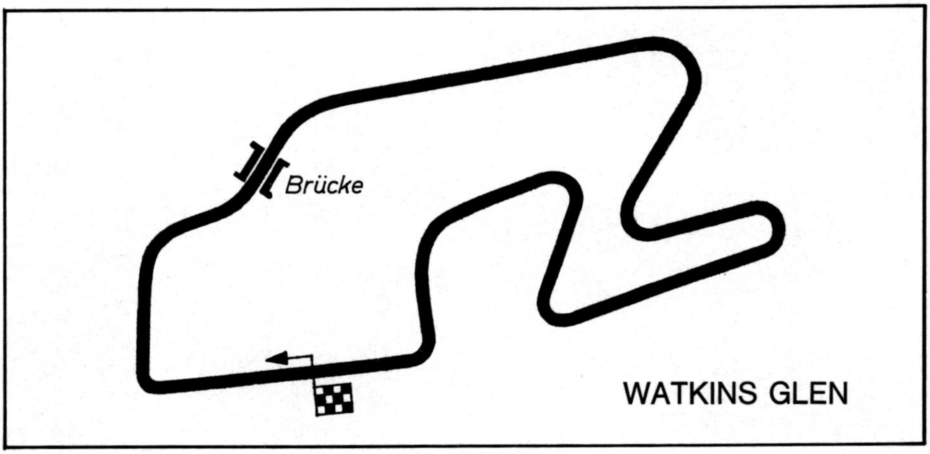

Auffahrt zur berüchtigten „Brücke" von Watkins Glen (Grand Prix der USA 1974, Reutemann, Hunt, Lauda, Regazzoni, Fittipaldi, Watson): Aus der Rechtskurve sollte man in Fahrbahnmitte herauskommen

bahnmitte herauszukommen, um freie Hand bei der Anfahrt der Linkskrümmung zu haben. In dieser Krümmung sind unerhört gefährliche Randsteine, deren Berühren tödlich sein kann. Augenzeugen erzählten vom Cevert-Unfall, daß François in der Krümmung um einen Hauch zu weit links gewesen sei, den Randstein berührt und von dort einen Stoß bekommen habe. Dieser Stoß brachte den Wagen in der Brücke zu weit nach rechts, die beiden rechten Räder touchierten an der Leitschiene, der Wagen kam in Drehbewegung, wurde auf die andere Seite geschleudert und prallte fast in rechtem Winkel gegen die Schienen. Ich sah dann, wie das ganze Monocoque quer unter der Leitschiene stand — es hatte die Schienen entwurzelt und hochgehoben, nur die Hinterräder ragten noch auf die Fahrbahn.

Zandvoort

Herausheben möchte ich nicht die berühmte Tarzankurve, die von Scheivlak (A) bis zur nachträglich errichteten Schikane (B) führt. Wer gewinnen

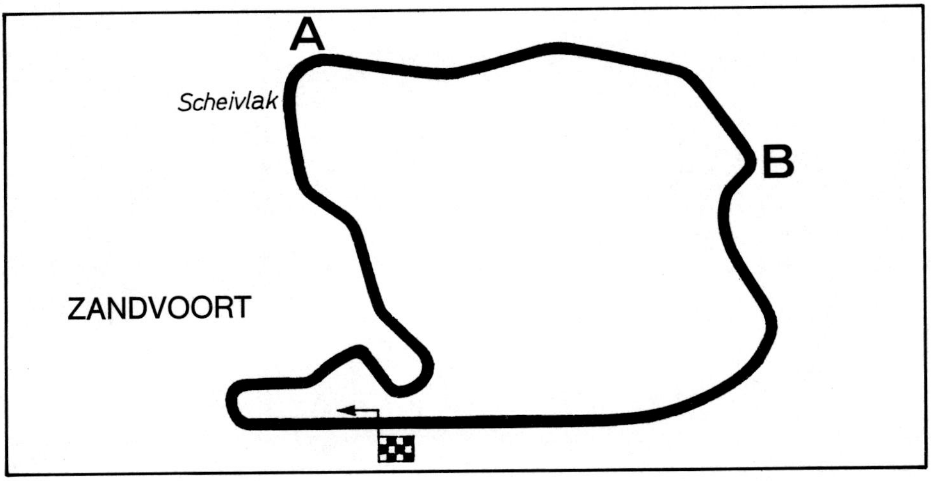

will, muß die ganze Passage voll fahren, das ist zuerst ein Linksknick, dann ein Rechtsknick, dann noch ein Rechtsknick, der zur Schikane führt. Die Radien dieser Knicke sind so, daß sich Vollgas gerade noch ganz knapp ausgeht, das heißt, man hat keinerlei Kraft mehr zur Verfügung, wenn man in Schwierigkeit kommt. Man balanciert also fast einen Kilometer lang am Drehzahllimit.

Tests und Training

Mein Alltag im Testbetrieb ist nicht typisch für den eines Grand-Prix-Piloten, ganz einfach deshalb, weil von allen Formel-I-Ställen nur Ferrari diese Art von Möglichkeiten bietet. Nur Ferrari besitzt eine hauseigene Rennstrecke, noch dazu nur drei Minuten von der Fabrik entfernt, nur Ferrari hat einen Apparat von optischen und elektronischen Meß- und Überwachungsgeräten. So sind vor und in allen kritischen Passagen der 2,99 km langen Teststrecke permanente Lichtschranken installiert, außerdem wird das Fahrzeug durch zehn (ebenfalls permanent eingebaute) Fernsehkameras erfaßt — man kann also eine lückenlose Runde an den Monitoren miterleben, natürlich auch aufzeichnen und speichern — der Fahrer kann also später seine eigenen Fahrten analysieren. Die Auswertung der Lichtschrankenimpulse erfolgt automatisch, so daß auf dem ausgeworfenen Papier schon das draufsteht, was man eigentlich wissen will, also die diversen Zwischenzeiten und Geschwindigkeiten. Die Auswertung ist deshalb so interessant, weil man jede neue Einstellung am Auto bis ins kleinste Detail analysieren kann, man kann also sagen: Dies oder jenes bewährt sich in schnellen Kurven, bringt auf der Geraden dies oder jenes, ist günstig oder ungünstig für Schlängler und so weiter. Durch zusätzliche Schikanen lassen sich die Verhältnisse ganz konkreter Rennstrecken simulieren.
Wenn man einmal diese hervorragenden Arbeitsbedingungen kennen- und schätzengelernt hat, kann man sich gar nicht vorstellen, wieder für eine andere Firma zu fahren, die hin und wieder irgendeine Rennstrecke mietet, um Tests zu fahren. In dieser Beziehung haben wir also ganz eindeutig überlegenes Material.
Ganz wesentlich ist außerdem noch, daß Fiorano ein vorbildlich sicherer Kurs ist, die Testfahrten verlaufen also mit geringstem Risiko. Die Sturzräume sind sehr weit und haben kein festes Hindernis außer einer einzigen Überführung.

Start- und Zielgerade der Ferrari-Teststrecke Fiorano in Maranello. Auf der Anzeigetafel wird automatisch immer die letzte Rundenzeit ausgedruckt. Die 1:12:83 liegen 1,1 Sekunden über dem von mir gehaltenen Rundenrekord. Ferrari-Prominenz um den Tisch (von links): Enzo Ferraris (außerehelicher) Sohn Piero Lardi, Organisator Ghedini, Entwicklungschef Forghieri und Techniker Tomaini.

Fernsehzimmer auf der Teststrecke Fiorano: Das Auto wird während einer Runde von den Kameras lückenlos erfaßt. Das links stehende Gerät spuckt die Ergebnisse der Lichtschrankenmessungen aus.

Wann immer ein Auto rennmäßig bewegt wird, sind drei Mann auf ihren Posten, ein Feuerwehr- und ein Rettungswagen stehen ununterbrochen mit laufendem Motor. Ein Feuerwehrmann ist sogar im Asbestanzug bereit — und zwar immer, absolut immer. Ohne diese Vorkehrungen darf nicht einmal eine Runde gefahren werden.

In Maranello unterscheiden wir drei Arten von Tests:

- Testwochen vor dem Einsatz eines völlig neu konstruierten Autos;
- Tests zur Überprüfung neuer Bauteile;
- Routineüberprüfung des jeweiligen konkreten Einsatzwagens und des Trainingswagens einige Tage vor jedem Rennen.

Außerhalb Fioranos wird auch noch getestet, fast immer aber in Zusammenarbeit mit der Reifenfirma (im derzeitigen Fall Goodyear) und zumeist zusammen mit einigen anderen Spitzenteams. Diese mehr oder weniger öffentlichen Trainingstage finden jeweils einige Wochen vor einem Grand Prix auf der jeweiligen Rennstrecke statt. Hier wird die ganz konkrete Abstimmung Reifen — Auto — Rennstrecke herausgearbeitet.

In zwei verschiedenen Kurven unseres Testgeländes in Fiorano demonstriere ich hier mit demselben Auto Über- und Untersteuern. Ich ließ mir für diese Aufnahmen die Stabilisatoren und Flügel bewußt falsch einstellen, denn mit einem neutral liegenden Formel-I-Auto kann man mit einigem Aufwand noch Übersteuern, aber nicht Untersteuern simulieren. Das obere Bild (Übersteuern) zeigt, wieviel Gegenlenken man benötigt, um das Auto überhaupt auf der Straße zu halten. Exaktes Fahren auf der Ideallinie ist nicht möglich, auch kann ich hier nicht voll aus der Kurve heraus beschleunigen, weil sonst das Auto noch mehr übersteuern würde. Im unteren Bild (Untersteuern) sieht man, wie unwillig das Auto den Vorderrädern folgt und quasi nach außen schiebt. Auch hier ist das Befahren der Ideallinie schwierig, weil der Wagen nur schwach auf Lenkkorrekturen reagiert.

TESTWOCHEN

Sprechen wir zuerst von jener Situation, wie sie nur alle paar Jahre vorkommt: Die Geburt einer völligen Neukonstruktion. Ich hatte das Glück, schon bei Ferrari zu sein, als der 312 T das Laufen lernte — es war schlechthin erhebend und faszinierend, der erste Mensch zu sein, der dieses Auto überhaupt bewegen darf. Noch mehr hat mir vielleicht bedeutet, von allem Anfang auf dieses Auto Einfluß nehmen zu können.

Bei solchen Tests gilt die erste Zeit immer dem Verstehenlernen des neuen Autos. Es beginnt so, daß man zunächst Federn nach Erfahrungswerten einbaut und so die ersten Runden fährt, um sich überhaupt einmal ein Bild über das Auto zu machen. Meist werden diese ersten Runden unterbrochen durch kleine Defekte, wie undichte Öl-, Wasser- oder Benzinanschlüsse oder schlecht funktionierende Schaltungen. Erst wenn all diese Kleinigkeiten behoben sind, kann man ordentlich zu fahren anfangen und die ersten Richtzeiten vorlegen. Dann werden die Federn und Stabilisatoren sowohl nach der einen Seite (weicher) als auch nach der anderen (härter) geändert. Die Entscheidung wird in erster Linie von den gefahrenen Rundenzeiten, aber auch von der Fahrbarkeit des Autos abhängen — ein oder zwei Zehntel Zeitgewinn pro Runde helfen nichts, wenn das Auto sehr giftig reagiert und man dauernd am Hinausfliegen dahinbalanciert. Das bedeutet dann auch stark unterschiedliche Rundenzeiten, weil einem leicht Fahrfehler unterlaufen.

Das Testprogramm geht dann weiter mit verschiedenen Änderungen am Nachlauf[1] der Vorderachse, wieder in beide Richtungen, und an der Vorspur[2] (vorne und hinten). Neben verschiedenen Bodenfreiheiten werden auch die diversen aerodynamischen Hilfsmittel probiert — alles, um das Auto verstehen zu lernen, um sozusagen einmal seinen Charakter zu ergründen.

[1] Der Effekt des Nachlaufs ist am anschaulichsten bei Einkaufswagerln, Stummen Dienern oder Rollsesseln zu studieren. Die Räder sind in einer Gabel (in senkrechter Hülse geführt) aufgehängt und werden somit nachgezogen. Die Strecke zwischen Radaufstandspunkt und gedachter Verlängerung der Hülse (beim Rennwagen gegeben durch die Verlängerung der gedachten Verbindung der Kugelgelenke an den äußeren Enden der Querlenker) ist der Nachlauf, er macht nur einige Millimeter aus. Je größer der Nachlauf, desto größer sind die Rückstellkräfte bei Kurvenfahrt, das Auto ist schwer lenkbar. Bei geringem Nachlauf ist der Wagen leicht zu lenken, aber das „Feeling“ geht verloren, der Fahrer spürt zuwenig die Reaktionen des Autos im Lenkrad. Verstellmöglichkeit des Nachlaufs: Durch Versetzen der Querlenker.

[2] Die zwei Räder einer Achse stehen nicht parallel, sondern laufen in einem kleinen (optisch nicht wahrnehmbaren) Winkel zueinander, normalerweise rund ein halbes Grad vorn und fünf bis zehn Minuten hinten. Die Vorspur macht ein Auto stabil, vor allem beim Anbremsen, und verhindert das Flattern der Räder. Verstellmöglichkeit durch Längenänderung der Spurstangen (vorne) und der Längs- und Querlenker (hinten).

Bei allen hochentwickelten Rennmotoren werden nicht Drosselklappen sondern Gasschieber verwendet. Die Schieber (zumeist aus Alu) werden im Schiebergehäuse durch das Gaspedal bewegt. Im Bild ist der Schieber für die linke Zylinderreihe auf Leerlauf-Anschlag, also fast geschlossen. Damit die Betätigungskräfte durch das Gaspedal nicht zu hoch werden, ist der Schieber auf Rollen gelagert. Das Bild zeigt den Ferrari-Zwölfzylindermotor in der früheren Ausführung (1972), was man an zwei wichtigen Details erkennt: Die komplette Zündungs-Einspritzpumpen-Einheit liegt hier noch an der Stirnseite des Motors (sie wurde dann nach oben verlegt, um Platz in der Länge zu sparen), und die Einspritzdüsen liegen noch im Ansaugkanal hinter dem Schieber (heute in den Ansaugtrichtern, weil sich bessere Kühlung der Ansaugluft ergibt).

Dies ist aber nur dann möglich, wenn man nach jeder Veränderung mehrere Runden — und zwar optimal schnell — fährt. Ich kann erst dann wieder eine neue Variante probieren, wenn die schnellsten Runden auf die Zehntelsekunde gleich gewesen sind. Eine typische Folge von Rundenzeiten würde etwa so aussehen: 1 : 15,0 — 1 : 14,0 — 1 : 13,9 — 1 : 13,9 — 1 : 13,7 — 1 : 13,6 — 1 : 13,6 — 1 : 13,6. Dann kann ich Schluß machen und die nächste Variante einstellen lassen. Sollte in irgendeiner dieser Runden ein kleiner Fahrfehler passieren, „zählt" diese Runde natürlich nicht, ich muß sie wiederholen.
Bei diesem schnellen Fahren kommt es leicht vor, daß man ein Problem „überfährt". Damit meine ich, daß man so sehr mit dem Fahren an sich beschäftigt ist, daß man andere — eventuell neue — Probleme gar nicht bemerkt. Sich dennoch die Zeit zu nehmen, solche neue Aspekte zu erfassen und durchzudenken, ist eine erlernbare Kunst.
Bei manchen Änderungen geben aber auch die Rundenzeiten nur unbefriedigenden Aufschluß, man ist unsicher. Dann ist es unbedingt nötig, sogenannte Rückversuche zu machen, also einen früheren Zustand wiederherzustellen. Es kann passieren, daß man zwei- oder dreimal rück- und umbaut. Natürlich kann man sich das sparen, wenn eine spezielle Modifikation etwa klar ablesbare drei Zehntelsekunden erbringt.

TEST-ROUTINE

Ähnlich, nur in verkleinertem Maßstab, geht es zu, wenn während der Saison neue Bauteile ausprobiert werden. Die Skala reicht von Airboxes bis zu verschiedenen Belüftungsschächten. Es wird nie richtig langweilig, wenn der Fahrer dauernd mitdenkt, wenn er nicht nur fest auf das Pedal steigt, sondern bei jeder einzelnen Variation eigene Überlegungen anstellt.
Schließlich gibt es noch die Überprüfung jedes Einsatz- und Trainingswagens, bevor sie in die Transporter verladen werden. Diese Zeit wird auch dazu benützt, Bremsbeläge auf Vorrat anzufahren. Auch an diesen Tagen sind alle Sicherheitsmaßnahmen in Fiorano in Kraft, für jeden Wagen sind vier Mechaniker an der Strecke, die Techniker und Organisatoren sind da . . . der Aufwand ist also erheblich.

REIFENTESTS

Darunter fallen vor allem jene Testtage, die von Goodyear auf den diversen Rennstrecken organisiert werden, an denen nehmen die meisten Teams und alle Spitzenfahrer teil — es geht zu wie bei einem Grand Prix vor leeren Tri-

Die Stellung der Flügel hat wesentlichen Einfluß auf das Fahrverhalten. Da das Auto sehr feinfühlig darauf reagiert, muß der Anstellwinkel in kleinsten Nuancen eingestellt und gemessen werden. Dazu dient eine Wasserwaage in Verbindung mit einem Winkelmesser. Durch eine Vielzahl von Befestigungslöchern in den beiden Flügelstützen ist genügende Variationsmöglichkeit gegeben.

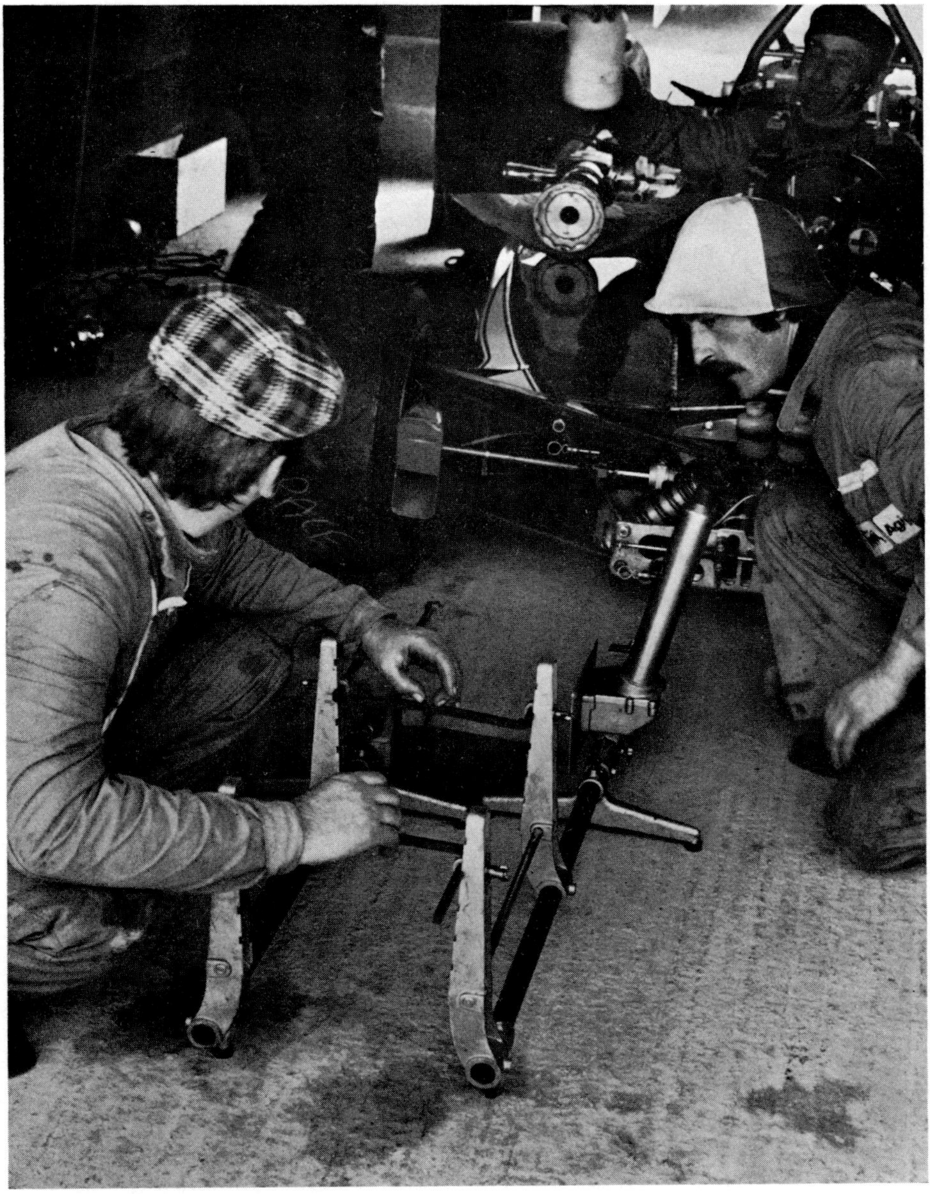

Zwei Mechaniker justieren das Meßgerät, mit dem üblicherweise an den Rennstrecken gearbeitet wird. Die hier (nur zwecks Justierung) zusammengestellten Teile werden später an die Felgenhörner angelegt, damit ist eine rasche Kontrolle der Vorspur möglich.

bünen. Welche Novität auch immer getestet wird — sie wird nachher wieder eingesammelt... und am nächsten Renntag haben wieder alle Teams die gleiche Art von Reifen.
Ferrari kann natürlich auch auf eigene Rechnung Reifentests in Fiorano fahren. Prinzipiell gilt für jeden Reifentest, daß man einen „control set", einen Satz normaler Basisreifen, immer wieder aufziehen muß, um zu überprüfen, ob die zu Testbeginn gültigen Gegebenheiten (am Auto, an der Fahrbahn, das Wetter betreffend) noch immer die gleichen sind.

DEFEKTE

Daß alles Testen und all der beschriebene Aufwand nur helfen können, die Zahl der Defekte zu verringern, daß es aber nie eine volle Grand-Prix-Saison ohne irgendeinen Zwischenfall geben wird, liegt in der Natur dieses Sports, der immer wieder zu neuen Höchstbelastungen führt, die sich weder voraussehen noch im Testbetrieb vollwertig simulieren lassen.
Jeder Defekt wird natürlich analysiert, fast immer wird eine einleuchtende Erklärung gefunden, so daß man Maßnahmen für das nächste Rennen treffen kann. Bei Ferrari bekam man die Technik im Verlauf der Saison 1975 wesentlich besser in den Griff als im Jahr zuvor. Meine Defektliste der letzten beiden Jahre gibt ein Beispiel, wie die Praxis aussieht und was man daraus lernt.
1974:

- ○ Buenos Aires: Kein Defekt — zweiter Platz
- ○ Interlagos: Für das Rennen wurde ein neuer Motor eingebaut. Am Start brach eine der 96 Ventilfedern, womit das Rennen für mich auch schon beendet war. Die genaue Analyse der Herstellerfirma ergab: Materialfehler bei der Herstellung des Ventilfederdrahtes. In einem solchen Fall kommt sofort ein Spezialist der betreffenden Firma zu Ferrari, um sich davon zu überzeugen, ob die Ventilfedervorspannung (Einbaulänge) stimmt. Wird festgestellt, daß die fehlerhafte Feder aus einem bestimmten Materialabstich stammt, aus dem schon einmal ein Problemteil kam, werden sämtliche Federn dieser Produktionseinheit eingezogen.
- ○ Kyalami: Zwei Runden vor Schluß Zündaussetzer, zunächst bei 12 300 U/min, dann immer weiter unten bis zum totalen Stillstand. Diagnose: Defekt in der Transistorzündung. Bei einer eingehenden Prüfung der Zündung bei Magneti Marelli konnte jedoch kein Fehler festgestellt werden. Die Zündanlage kam zu Ferrari zurück und wurde aus Versehen für Monte Carlo wieder in mein Auto eingebaut.

- Jarama: Ohne Probleme gewonnen, obwohl die Antriebswelle des Drehzahlmessers gebrochen war. Da ich nicht unter Druck fahren mußte, war die Sache nicht so tragisch — ich konnte mit genügenden Drehzahlreserven schalten. Man weiß ja alle Schaltpunkte entlang der Rennstrecke, auch die beim Hinaufschalten. Wenn der Drehzahlmesser ausfällt, schaltet man etwas vor diesen Punkten (beim Raufschalten) bzw. kurz danach (beim Runterschalten). Immer bis zum Drehzahlbegrenzer zu drehen ist nicht ratsam, weil man ja über die exakte Funktion des Begrenzers nicht genau Bescheid weiß (er ist ein sehr heikles Ding).
- Monaco: Siehe Kyalami. Nach 30 Runden hatte ich, in Führung liegend, Zündaussetzer, die immer stärker wurden, bis das Auto stand. Nach dem Rennen ließ sich das Auto wieder starten. Am Montag danach fuhren wir mit diesem Wagen sofort nach Dijon. Sechs Ingenieure von Magneti Marelli überwachten zwei Tage lang die Versuche. Obwohl ähnliche Bedingungen herrschten wie in Monte Carlo, trat der Fehler nicht mehr auf. Sicherheitshalber wurde die spezielle Unglücks-Zündanlage vernichtet. Von da an hatten wir keine Probleme mehr mit Zündaussetzern.
- Nivelles: Zweiter Platz hinter Fittipaldi, keine Defekte. Ein Vorbeikommen an Fittipaldi war nicht drin.
- Zandvoort: Sieg ohne Probleme.
- Dijon: Während des Rennens wurde ein Reifen oval. Wegen der starken Vibrationen mußte ich Peterson passieren lassen und wurde Zweiter. Goodyear stellte anschließend einen Fabrikationsfehler (ungleichmäßige Gummischicht) fest. Es ist dies der einzige mir bekannte Fehler dieser Art.
- Brands Hatch: Reifenschaden rechts hinten in führender Position wenige Runden vor Schluß. Bei einem schleichenden Plattfuß ist die Entscheidung, ob man knapp vor Schluß weiterfahren oder an die Box kommen soll, immer schwierig und ein bißchen Glückssache. Ich entschied mich fürs Weiterfahren, mußte dann trotzdem an die Box und geriet in den bekannten Boxenrummel knapp vor Rennende. Fünfter Platz.
- Nürburgring: Unfall durch eigenen Fehler, der auf kuriose Weise entstand, nachzulesen unter „Mein schlechtester Start“.
- Österreichring: Neuerlich Ventilfederbruch. Von Anfang an ungenügende Motorleistung, dann Ausfall.
- Monza: Wasserschlauch undicht — Wasserverlust — Motorschaden. Analyse: Der Anschluß an der Wasserpumpe war infolge eines verschnittenen Gewindes gefährdet. Für diesen Anschluß ist die Abteilung Motorenbau zuständig, also jene Leute, die die Motoren in Maranello rennfertig machen. Beim Einbau des Motors in das Auto (an der Rennstrecke) wird daher die-

Startkarambolage in Barcelona 1975. Die Motorkamera hatte um ein Sekündchen zu spät zu laufen begonnen, optisch läßt sich die auslösende Ursache nur auf dem zweiten und dritten Bild (beschädigter rechter Schnauzenflügel am Wagen Mario Andrettis, Nummer 27) erkennen. Ich pflüge nach dem Schubs chancenlos in Richtung Leitschiene und treffe dort Regazzoni

elf

GOOD YEAR

GOOD YEAR

sem Detail keine Aufmerksamkeit geschenkt. Durch das verschnittene Gewinde und die Vibrationen im Rennen löste sich der nicht gesicherte Überwurfring, so daß es zum Wasseraustritt kam. Konsequenz: Sicherung des Überwurfringes mit Draht.

- Mosport: Ausrutscher am Sand in führender Position (den Sand hatte der vor mir fahrende Watson, den ich eben überrunden wollte, auf die Bahn geworfen). Ich folgte so dicht, daß ich von der Streckensicherung nicht mehr gewarnt werden konnte — auf Sand fährt es sich wie auf Glatteis.
- Watkins Glen: Stoßdämpferschaden nach einem Ventilbruch im Dämpferboden.

1975:

- Buenos Aires: Während des Rennens fuhr sich ein Reifen einseitig ab, weil man bei der Produktion vergessen hatte, eine Reihe Gummi auf der inneren Seite aufzubringen. Dadurch begann das Auto immer mehr zu übersteuern, weil der Reifen nur noch 200 mm Auflage hatte. Es reichte gerade noch für einen sechsten Platz.
- Interlagos: Beim Aufwärmtraining am Morgen des Renntages ging der Motor ein. Da ein regulärer Motorwechsel aus Zeitgründen nicht mehr möglich war, montierten wir das gesamte Heck des Mulettos (einschließlich Motor und Getriebe) am Monocoque meines Einsatzautos. Ich fuhr also gleichzeitig mit zwei Autos, entsprechend war auch das Fahrverhalten. Fünfter Platz.
- Kyalami: Erster Einsatz des T-Wagens, die positiven Aspekte des Neuen zeichneten sich schon ab. Während des Rennens verstellten sich Zünd- und Einspritz-Zeitpunkt. Auf dem Prüfstand stellte sich nachher heraus, daß der Motor um 85 PS weniger als sein „Soll“ leistete. Fünfter Platz.
- Monte Carlo: Sieg mit Zittern. Der Motor brauchte während des Rennens zuviel Öl, undichter Ölabdichtring an der mechanischen Benzinpumpe, so daß ich in diesen letzten Runden in manchen Kurven keinen Öldruck mehr hatte. Vorerst habe ich in Interviews gesagt, daß nur die Ölkontrolle aufleuchtete, vielleicht durch einen Wackelkontakt. Da keiner auf die Frage kam, ob ich nicht auf den Manometer geschaut habe, erübrigten sich weitere Erklärungen. Wie nahe ich am Ausfallen war, merkte ich auf Grund der stark erhöhten Motorvibrationen, die schon das nahe Ende der Lagerstellen ankündigten. Tatsächlich habe ich in einigen Kurven der vorletzten und letzten Runde schon ausgekuppelt, um die Maschine zu schonen. Das war auch der Grund dafür, daß mir Fittipaldi im Finish so nahe kam. Eine Runde länger, und er hätte mich geschluckt.

- ○ Barcelona: Mein Ausfall (von Andretti kurz nach dem Start gerempelt) stand im Schatten dieses Unglücksrennens.
- ○ Zolder: Eine Auspuff-Endtüte brach ab, ansonst keine Probleme. Ich konnte die fehlenden 300 U/min auf der Geraden leicht verschmerzen, da mein Vorsprung schon groß genug war. Sieg.
- ○ Anderstorp: Kein Problem am Auto, richtige (härtere) Reifen gewählt. Sieg.
- ○ Zandvoort: Zweiter hinter James Hunt. Keine Probleme am Auto, das optimal auf Regen abgestimmt war. Dadurch konnte ich am Anfang mühelos davonziehen. Ob mein später Reifenwechsel rennentscheidend war, kann ich nicht sagen. Wegen der Regenabstimmung waren meine Flügel steil eingestellt, Hunt hatte Vorteile auf der Geraden, also bei der einzigen Überholmöglichkeit.
- ○ Paul Ricard: Keine Probleme. Ich rettete mich mit einiger Mühe als Sieger vor James Hunt ins Ziel.
- ○ Silverstone: Ein nicht festgezogenes Vorderrad nach einem Reifenwechsel brachte mich um alle Chancen. Eine Alptraum-Situation, die man nur möglichst schnell vergessen kann. In Blitzarbeit wurden bis zum nächsten Rennen die Gewinde verbessert.

TRAINING

Jene Testfahrten etwa fünf Tage vor dem jeweiligen Rennen, die der Überprüfung des Einsatzautos dienen, sind nur für Ferrari eine Selbstverständlichkeit, etliche andere Teams müssen mangels Teststrecke darauf verzichten. Jedenfalls können Ferrari-Piloten jeweils die volle offizielle Trainingszeit nützen, weil die Wagen, die vom Transporter abgeladen werden, hundertprozentig in Ordnung sind — man wird nicht etwa draufkommen, daß diese oder jene Leitung undicht ist.
Natürlich habe ich mir schon vorher Gedanken über die Getriebeübersetzungen und die diversen Einstellungen gemacht. Je früher das Auto „paßt“, um so früher kann man sich auf den wichtigsten Job konzentrieren, auf das Fahren schnellstmöglicher Rundenzeiten, wenn's geht sogar um die Pole-Position.

POLE-POSITION

Warum die Pole-Position so wichtig ist und warum ein Platz in der dritten Startreihe um vieles besser ist als einer in der sechsten, dürfte ja besonders in der Saison 1975 mit ihren ausgeglichenen Autos klargeworden sein: Bei fast gleichschnellen Wagen tut man sich so schrecklich schwer mit dem Überholen (in Barcelona oder Monaco ist es fast unmöglich) — jeder einzelne, den man nicht überholen muß, weil man schon am Start vorn ist, ist eine Menge wert. Ein Spitzenfahrer wird seine persönlich schnellste Rundenzeit nicht durch einen Zufall herausfahren, seine schnellste wird also nicht eine von vielen Runden sein. Man macht einen deutlichen Unterschied zwischen Routine-Runden und der Jagd nach der Bestzeit, die natürlich nur nach Abschluß der Abstimmungsarbeiten sinnvoll ist (und bei manchen Teams werden diese Arbeiten nie abgeschlossen, man geht mit einem unbefriedigenden Auto eventuell sogar noch ins Rennen). Angenommen, es ist alles wunderbar gelaufen und das Auto „stimmt", dann wird man sich Gedanken über den ersten Angriff machen. Den groben Zeitplan hatte man allerdings schon vorher, man hat sich entweder auf den ersten oder den zweiten Tag eingestellt. Dies ist von Strecke zu Strecke verschieden. In Monaco kommt man auf eine relativ saubere Straße, die zusehends schlechter wird (neben den Formel-I-Wagen trainieren auch die Formel-III-Auto und hinterlassen Öl und Gummiabrieb) — man wird also in der Regel am ersten Tag schnellere Zeiten fahren können als am zweiten. Auf den meisten permanenten Rennstrecken ist es umgekehrt, dort ist zumeist der zweite Tag schneller, weil der feine Film aus Sand und Schmutz, der auf der Fahrbahn liegt, am ersten Trainingstag abgeschmirgelt wird. Daß all diese Überlegungen bei dramatischen Wetterumschwüngen hinfällig sind, ist ohnedies klar.

Wenn es soweit ist, bin ich genauestens informiert über die bisherigen Rundenzeiten, sowohl über meine eigenen als auch die der Gegner. Man geht nun daran, noch einige Zehntel zu holen — auf einer durchschnittlich langen Rennstrecke wird man etwa eine Verbesserung um sechs Zehntel anpeilen. Bevor man sich auf den Kriegspfad begibt, läßt man Treibstoff für nur wenige Runden einfüllen und läßt neue Reifen montieren. (Im Kapitel Reifen haben

Mitte 1975 begann Ferrari mit Tests einer De-Dion-Hinterachse. Vom massiven De-Dion-Rohr der guten alten Zeit ist nicht mehr viel zu sehen, trotzdem hat diese Bauweise den gewünschten Effekt: Spur- und Sturzkonstanz der Hinterräder bei allen Fahrsituationen. Die hier ausgeführte Lösung ist eine reine Streben-Konstruktion, wobei die einzelnen Teile nur auf Zug und Druck beansprucht werden. Sie bietet auch den Vorteil, daß man die Vorspur rasch auf verschiedene Werte variieren kann — mittels zweier in der Länge verstellbarer Unibalgelenke, die an der hinteren Verlängerung des Radträgers angreifen. Die Konstruktion ist so ausgefallen, daß man ein Rennauto innerhalb weniger Stunden von der bisher üblichen Querlenker-Aufhängung auf De-Dion umbauen kann.

Der Ferrari 312 T hat drei Einfüllöffnungen für Benzin, die sich nur dann öffnen, wenn entweder der Trichter mit seiner Spezialkupplung aufgesetzt oder der federbelastete Verschlußdeckel per Hand niedergedrückt wird. Immer wenn Benzin nachgefüllt wird, muß ein zweiter Verschluß zur Entlüftung geöffnet werden (Fingerdruck im Bild rechts unten). Wenn der Trichter abgesetzt wird, ist der Verschluß automatisch dicht. Die eingefüllte Benzinmenge richtet sich nach den jeweiligen Erfordernissen: Bei Testfahrten sind die Tanks halbvoll, bei Pole-Position-Versuchen reicht die Menge nur für einige Runden, vor dem Start zu einem Rennen werden bis zu 230 Liter aufgefüllt.

wir ja darüber gesprochen, daß es die superweichen Sonderreifen von früher nicht mehr gibt, man kann also nur normale Rennreifen mit „race compound" aufziehen.) Dann muß man jenes Stadium der ersten Reifenerwärmung erreichen, das ich Ihnen als „super grip" bereits beschrieben habe: Es kommt einige Runden nach Beginn des Anfahrens der Reifen, hält einige Runden lang und baut dann ab. Wenn Auto, Zeitpunkt und Reifen endlich stimmen, könnte es eigentlich losgehen, aber da ist dann noch die Verkehrsfrage. Man kann nur dann schnelle Rundenzeiten fahren, wenn man durch niemanden aufgehalten wird. Das ist dann möglich, wenn gerade wenige Fahrer auf der Piste sind und man gegebenenfalls ein bißchen zurückfallen kann; oder wenn der langsamere Fahrer kooperativ ist. „Langsamer" hat in diesem Fall nichts mit Können zu tun: Einer kann ja eben die Bremsen oder die Reifen anfahren oder irgendwelche neue Einstellungen probieren und deshalb in verhaltenem Tempo fahren. Alle wirklichen Spitzenfahrer sind kooperativ in diesem Fall. Es gibt leider auch Leute wie Andretti, Stommelen oder Hill, die entweder zuwenig in den Rückspiegel schauen oder aus Sturheit den Weg nicht freigeben. Auf einen solchen Fahrer aufzulaufen bedeutet, daß man diese eine Runde verloren hat und das Ganze noch einmal probieren muß.

Das Vertrauen gegenüber kooperativen Leuten geht so weit, daß ich auf manche Fahrzeuge (die man natürlich von hinten genau erkennt) mit vollem Dampf auflaufen kann, weil ich die Gewißheit habe, daß mir der Fahrer Platz machen wird. Wenn der andere auch um die Pole-Position fährt, werde ich ja nicht auf ihn auflaufen, weil die Unterschiede viel zu gering sind — es wird sich also immer um einen Fahrer handeln, der nichts dabei verliert, wenn er kurz von seiner Linie abweicht oder einmal die Bremse antippt. Aus diesem Grunde ist mir das Verhalten der unkooperativen Fahrer völlig unklar, sie erschweren nur das Berufsleben, sinnloserweise.

Reden wir jetzt von einer durchschnittlichen Rennstrecke mit Rundenzeiten von unter zwei Minuten. Ich habe mir erst das Auto herrichten lassen (Benzin, Reifen), sitze schon drin, warte auf günstige Verkehrslage und fahre ab. Ich teile mir die Sache so ein, daß ich nach einer oder zwei Runden die Reifen optimal erwärmt habe. Dann komme ich bereits mit vollem Dampf bei Start und Ziel vorbei und weiß, daß ich jetzt zwei oder drei Runden lang die Chance habe, Bestzeit zu fahren, danach würden die Reifen ihre Super-Haftfähigkeit abbauen.

In diesen wenigen Runden fahre ich mit äußerster Konzentration und deutlich erhöhtem Risiko. Ich nehme auf die Schonung des Autos keine Rücksicht, drifte also etwa über Randsteine, was ich im Rennen kaum tun würde. Ich fahre da mit unheimlicher Anspannung und gebe wirklich das Äußerste, dessen ich fähig bin. (Sie können sich vorstellen, wie bitter man es empfindet, wenn dann plötzlich ein unkooperativer Mann im Weg herumsteht.) Wenn alles geklappt hat, brauche ich oft gar nicht das Signal von der Box, da weiß ich selbst: Das war Bestzeit, zumindest persönliche Bestzeit. Und manchmal bleibt auch das Gefühl übrig, daß es sinnlos wäre, noch einmal rauszugehen, denn schneller würde es ohnehin nicht gehen. Natürlich, manchmal, wenn mehrere Fahrer ihre Autos gleich gut abgestimmt haben, hetzt man einander bis zum Ende des Trainings, da quetscht der eine noch ein Zehntel aus sich selbst und — als Reaktion — auch aus dem anderen. Am tollsten war Brand Hatch 1974, da gingen Ronnie und ich an einem Tag je dreimal raus, jedesmal unterbot der andere die bisherige Bestzeit. Am Ende hatten wir dann die absolut gleiche Zeit, aber ich stand in der Pole-Position, weil ich meine Zeit zehn Minuten vor Ronnie erreicht hatte.

Daß ich relativ viele Pole-Positions herausfahre, liegt sicherlich auch daran, daß ich mich stark in diese Aufgabe verbeiße, sowohl was die Vorbereitungen betrifft als auch den Einsatz während der entscheidenden Runden selbst.

WINDSCHATTEN

Vielleicht ist Ihnen aufgefallen, daß keine Rede vom Windschattenfahren war. Auf den heutigen Rennstrecken hat es für das Training immer weniger Bedeutung (damit meine ich natürlich das Einanderziehen und nicht den Überholvorgang während des Rennens aus dem Windschatten heraus).

Zu jenen Grand-Prix-Strecken, auf denen abgesprochenes Windschattenfahren noch funktionieren könnte, gehören der Österreichring und Paul Ricard; andere Hochgeschwindigkeitskurse — wie etwa Silverstone — haben zu kurze Geraden. Früher war Monza ein typischer Windschattenfall, aber die Schikane hat Schluß damit gemacht.

Der Sog des Vordermannes läßt den Hinteren die gleiche Geschwindigkeit mit verminderter Motorleistung fahren. Das funktioniert nur auf Geraden und hat Nebeneffekte: Da die Luftanströmung nicht mehr gleichmäßig erfolgt, wird der Kopf stark hin und her gerissen. Das starke Flattern der Luft ist das sicherste Zeichen dafür, daß man sich im Windschatten des Vordermannes befindet. Sehr rasch steigt die Wassertemperatur des hinteren Fahrzeugs um 5 bis 10 Grad, erstens wegen der geringeren Kühlwirkung verwirbelt angeströmter Luft, zweitens durch das Ansaugen heißer Luft vom Vordermann. Mit den meisten Motoren wird man also nicht unbeschränkt lange im Windschatten bleiben können. Ein weiterer Effekt ist das „Leichtwerden" der Lenkung, weil das

Windschatten: Der Hintermann merkt an der Ungleichmäßigkeit der Luftanströmung, wenn er in den Windschatten des anderen kommt.
Rechtes Bild: Paul Ricard ist einer der wenigen Kurse, auf denen man sich im Training theoretisch mit Windschattenspielen helfen könnte. Im Rennen ergeben sich immer Windschattengruppen, von denen ich mich aber im letzten Grand Prix absonderte. Im Bild die Start- und Zielgerade, sie ist kurz im Vergleich zur rund zwei Kilometer langen Mistral-Geraden in der Gegenrichtung.

TER CIGARETTES
arlboro
BP
BP course
la nouvelle huile BP
BP
GENERAL - INCENDIE
CIRCUIT PAUL RICARD
12
GOOD/YEAR

Auto ja weniger stark auf den Boden gedrückt wird, daher wäre das Auto bei Windschatten in der Kurve schlecht manövrierbar.
Um im Training vom Windschattenfahren zu profitieren, müssen sich zwei Fahrer zusammentun und dann ein wirkliches Gemeinschaftsprogramm durchziehen, aber das geschieht in der Praxis nicht (mehr), denn niemand will den anderen um den Kurs schleppen.
Spielt man die Theorie aber durch, würde der Marschplan so aussehen: Man darf einander nur derart überholen, daß die Sache jeweils vor der Bremszone abgeschlossen ist — denn wenn man einander ausbremst, ist der ganze Vorteil wieder aufgefressen. Der Schnellere fährt in der Kurve voraus, der Hintermann saugt sich an, überholt auf der Geraden, Bremszone wird schulmäßig gefahren, ebenso die Kurve, danach saugt sich der andere ran, überholt aus dem Windschatten und so weiter. Doch wie gesagt: Die ganzen großangelegten Windschattenfahrereien sind heute eine brotlose Kunst.

Das Rennen

Nun sind wir also endlich beim Rennen selbst. Sie werden auch im folgenden Teil wenig über Emotionen hören, und das ist meiner Meinung nach richtig. Die Szenen in den Filmen, wenn die Rennfahrer mit übervollen Herzen an den Start gehen, ein bedeutungsschwangerer Blick in die Augen der Geliebten, zukkende Gesichtsmuskeln und so weiter — das wird alles nicht gespielt, zumindest nicht bei den Leuten, die wirklich schnell sind. Im einleitenden Gespräch zu Beginn dieses Buchs sind wir ja auf das „Umlegen des Schalters" zu reden gekommen, diesen Schalter im Hirn haben wir wirklich, wir können das Rennen auf das Technische reduzieren.

Man kann es auch anders ausdrücken: Es ist die Fähigkeit, sich voll auf das Wesentliche zu konzentrieren — und Emotionen gehören nun einmal ganz sicher nicht zum Wesentlichen beim Rennen. Besonders unangenehm ist es daher, wenn ein Rennfahrer in seiner Konzentration gestört wird. Wir verlangen ja ohnedies nicht viel, wir haben gelernt, mit dem Rummel zu leben. Was mich betrifft, so brauche ich wenigstens die allerletzten Minuten vor einem Rennen, um mich zu sammeln, ein letztes Mal zu programmieren, um diesen oft zitierten Schalter umzulegen und mich auf den Job der nächsten zwei Stunden zu konzentrieren. Wenn man mir nicht einmal diese Momente — wenn ich schon im Wagen sitze! — in Ruhe gönnt, werde ich giftig. Die lächerlichste Störung passierte mir vor dem Start in Monaco 1974, als ich ohnedies schon irritiert war, weil wir vorher den ganzen Zirkus mit dem Tausch der Startplätze zwischen Regazzoni und mir gehabt hatten. Ich saß schon im Wagen, versuchte, alles Drumherum zu vergessen, da tanzten einige Johnny-Walker-Menschen mit Zylindern an, stellten sich vor die Fernsehkameras, blödelten und lachten und hielten sich dabei an meinem Ferrari an. Da bin ich explodiert und habe einem von ihnen mit der Faust auf die Finger geklopft. Daß man eine solche

Stinkwut bekommt — also: Emotionen durchkommen läßt —, gehört aber zu den Ausnahmen.

Wenn ich auf den folgenden Seiten ein Rennen in nüchterne Atmosphäre stelle, so entspricht dies vielleicht nicht jener Art von Atmosphäre, die in den Boxen herrscht, aber sie ist „echt" vom Standpunkt des Rennfahrers, der nur dann ein guter Mann sein kann, wenn für ihn ein Rennen ein Ablauf von Situationsfolgen mit möglicherweise wechselnden technischen Gegebenheiten ist. Und je mehr einer die diversen Möglichkeiten vorher im Geist durchgespielt hat, um so klarer wird er dann richtig handeln. Und das Fahren kann zwar nie völlig zur Routine erstarren (dafür fordert es zuviel Punch), aber dennoch erfolgen Bewegungen und Reaktionen mit einer gewissen Automatik. Und Psychisches sollte überhaupt nicht mitspielen.

Somit wären wir beim Thema: Ein Ablauf von Situationsfolgen unter möglicherweise wechselnden technischen Gegebenheiten. Den Hexenkessel draußen, das Brodeln, haben wir schon vergessen. Alles geht geordnet vor sich. Und beginnt daher mit dem Start.

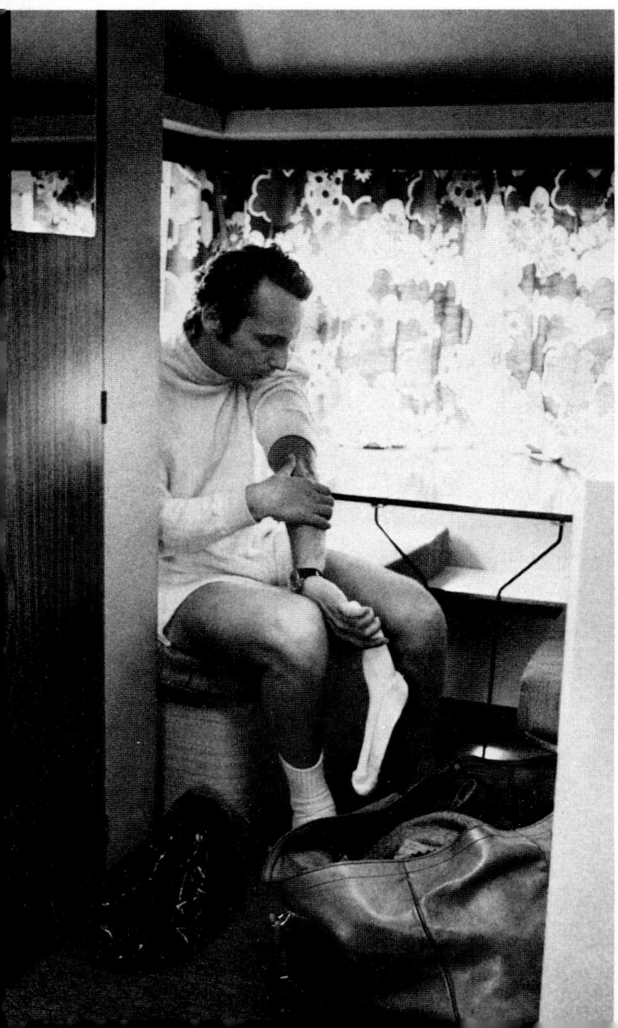

COCHE VERIFICADO

Marlboro

DER START

Wie wichtig der Start ist, ist hier schon oft erwähnt worden. Er spielt nicht überall die gleiche Rolle: In Monaco kann er ein Rennen entscheiden, in Paul Ricard (mit besten Überholmöglichkeiten) kaum. In jedem Fall wird man alles dransetzen, um optimal wegzukommen.
Wieder einmal spielen eine Menge von Faktoren zusammen: Art der Startaufstellung, Startposition, Fahrbahnverhältnisse (trocken, naß), Übersetzung des ersten Gangs, klimatische Bedingungen an der Rennstrecke.
Lösen wir kurz den Moment des effektiven Wegzischens heraus. Das kontrollierte Durchdrehen der Räder (wheel spin) ist das A und O des Startens, denn über die Kupplung (Schleifenlassen) ist ein Losfahren unmöglich. Man könnte die Kupplung nicht einmal wenige Meter schleifen lassen, wegen der enormen Hitzeentwicklung wäre sie sofort kaputt. Es wird also schlagartig eingekuppelt, so daß sich die Räder sofort durchzudrehen beginnen. Man dosiert das Gas auf eine bestimmte Drehzahl, von der wir gleich reden werden, kuppelt blitzartig ein und gibt etwas stärker Gas.

„. . . die schwarzen Striche sollen nur ca. zehn Meter lang sein, um dann in ein helles Grau überzugehen“ — Jean-Pierre Jarier (rechts) hält sich in Interlagos offensichtlich genau an die „Anleitung“.

Bei den 500 PS eines Formel-I-Motors ist es selbstverständlich, daß man nicht mit Vollgas wegfahren kann, die Räder würden mit weitaus zuviel Schlupf durchdrehen, was zwar sehr viel Rauch und lange schwarze Striche ergibt, nur keinen guten (schnellen) Start.

Wenn ich einen kurzen ersten Gang eingebaut habe, lege ich 8000 Touren vor, bei einem langen Ersten sind es schon 9000. In Südafrika, wo wir wegen der Hitze weniger PS effektiv zur Verfügung haben, sind beim Ferrari 10 000 U/min erforderlich. Der verstärkte Gaseinsatz beim Einkuppeln hat einen gewissen Schlupf der Reifen ergeben, ich nehme dann sofort wieder etwas Gas zurück, fange damit etwas Schlupf ab und baue ihn wieder auf — diesmal nur über die Motorkraft, da ja schon eingekuppelt ist. Der Schlupf der Hinterräder beträgt dabei etwa 20 Prozent, aber unabhängig von diesem theoretischen Idealwert spürt man ganz genau, bei welchem Schlupf der richtige Schub einsetzt. Man kann das sogar von außen kontrollieren: Bei idealem Schlupf (= bei idealem Schub) bleiben keine langen schwarzen Striche auf der Fahrbahn zurück — sie sollen nur zirka zehn Meter lang sein (also für die erste Schlupf-Phase), um dann in ein helles Grau überzugehen.

Damit wäre klargestellt, was sich im eigentlichen Moment des Losfahrens abspielt. Um einen ganz wesentlichen Aspekt des Starts verstehen zu können, muß vorerst eine spezielle Eigenschaft hochgezüchteter Rennwagen beschrieben werden. Bei stehendem Auto mit laufendem Motor und eingelegtem ersten Gang wird an der Kupplung soviel Hitze entwickelt, daß das Kupplungsspiel (durch Wärmeausdehnung) verlorengeht. Das Auto beginnt daher langsam zu rollen, obwohl der Fahrer das gar nicht will — Sie werden das sicher schon bei etlichen Starts gesehen haben und vielleicht für ein „Vordrängeln" eines bestimmten Piloten gehalten haben. Wenn sich das Fallen der Startflagge aus irgendeinem Grund um mehr als zehn Sekunden verzögert, wird die Sache richtig unangenehm. Das Auto beginnt zu rollen, Handbremse gibt es keine, also muß man entweder kurz die Fußbremse antippen oder man hofft, daß in der nächsten Zehntelsekunde die Flagge fällt und man keine Fehlstart-Strafe bekommt. Das Rausnehmen des Gangs ist auch keine Lösung, weil man ihn bei einmal erwärmter Kupplung gar nicht mehr rausbringt. Man ist also in einem echten Teufelskreis, aus dem man nur dadurch rauskommt, indem man einen zwangsweise verhauten Start hinlegt und im übrigen hofft, daß die Kupplung für den Rest des Rennens noch brauchbar geblieben ist, was sich schon in den allerersten Runden herausstellt.

Aus der Kenntnis dieser Umstände ergibt der Ablauf der ganzen Startprozedur etwas mehr Sinn. Gehen wir nun der Reihe nach vor: Die Maschine ist warmgelaufen, alles ist noch einmal überprüft worden, ich sitze im Wagen und bin

fertig angegurtet. Wir werden zur Aufwärmrunde geschickt. An der Box bricht leichte Hektik aus, obwohl ja alle Vorbereitungen schon längst getroffen sind; aber man übersiedelt kurzfristig mit Sack und Pack von der Box zum Vorstart. Sack und Pack, das bedeutet: Kompletter Satz Ersatzreifen, Preßluftflasche mit Schlagschrauber für Rad-Zentralverschluß, Wagenheber, alles mögliche Werkzeug, um für kleine Reparaturen gerüstet zu sein. Das Zeug wird auf einem Wägelchen zum Vorstart gekarrt. Sobald man dort eintrifft (man hat inzwischen die Reifen und Bremsbeläge erwärmt), läuft ein Routine-Überprüfungsprogramm, dessen wichtigstes Thema der Reifendruck ist. Es ist öfter als einmal geschehen, daß wir nach der Aufwärmrunde tatsächlich Druckverlust festgestellt haben, in einem solchen Fall wird dann in 15 Sekunden der Reifen gewechselt. Damit sind die Chancen auf einen optimalen Start sehr gering: Zwar ist dieser neue Reifen im Training genauso sorgfältig „eingefahren" worden wie die anderen, aber er ist jetzt kalt, hat also zu Beginn nicht den gleichen Griff wie die drei anderen. In diesem Fall muß man am Anfang sehr vorsichtig sein — siehe meinen schwarzen Tag Nürburgring 1974.
Zu einem Reifen-Großtransport artet die Sache aus, wenn das Wetter unklar ist. Dann müssen auch noch Regenreifen zum Vorstart geschafft werden. Zumeist wird dann gewartet, bis es entweder richtig regnet oder aufgetrocknet hat, dann werden noch ein oder zwei Runden freigegeben, damit man sich mit den geänderten Bedingungen vertraut machen kann.
Nach den Routine-Checks werden die Reifen von kleinen Steinchen oder Schmutzteilchen gereinigt. Drei Minuten vor dem Start müssen alle Helfer den Startplatz räumen mit Ausnahme je eines Mechanikers pro Wagen. Dieser Mann schließt die Start-Hilfsbatterie an (zwei Minuten vor dem Start). Noch ein kurzer Blick auf die Instrumente. Zu diesem Zeitpunkt wäre hohe Wassertemperatur alarmierend, denn das würde bedeuten, daß das Wasser bis zum eigentlichen Start vielleicht zum Kochen käme, da ja alle Formel-Autos nur durch den Fahrtwind gekühlt werden und keinen Ventilator haben.
Nach der Aufforderung zum Vorziehen bis zur jeweiligen Startposition geht das Ein-Minuten-Schild hoch. Man legt den ersten Gang ein, fährt zu seiner Position und nimmt den Gang sofort wieder raus — aus Gründen, die wir schon

Zu den Farbfotos auf den nächsten Seiten:
Unter einem Schirm — 1975 war die Saison der Regenrennen
Start in Zandvoort: Lauda, Scheckter, Hunt, Regazzoni, Fittipaldi.
Carlos Reutemann, Brabham.
Variationen zu einem Thema: Hunt.
Emerson Fittipaldi, McLaren.

GOODYEAR
Agip
HEUER
12
Agip
GOODYEAR
Agip

Marlboro
TEXACO
16
11
elf

TEXACO
MARTINI
GOODYEAR
GOODYEAR
CHAMPION
GOODYEAR
CHAMPION
7
MARTINI
FINA

James Hunt
Firestone

24
James

GOODYEAR
TEXACO
Marlboro
1

beschrieben haben. Wenn das letzte Fahrzeug nachgezogen hat und alle Autos ruhig auf ihren Positionen stehen, kommt die 30-Sekunden-Tafel raus.
Jetzt geht die 10-Sekunden-Tafel hoch. Sie bedeutet nicht, daß der Start in genau zehn Sekunden erfolgen wird, sondern daß *innerhalb* von zehn Sekunden das Fallen der Startflagge erfolgen muß. Man legt sofort den ersten Gang ein (und könnte es in dieser Position wegen der Kupplungswärme auch gar nicht länger als zehn Sekunden aushalten) und bringt die Maschine auf die richtige Startdrehzahl, in meinem Fall also 8000, 9000 oder 10 000 Touren. Teamkollege Regazzoni hält nichts von konstanter Drehzahl, er verändert dauernd rauf-runter-rauf-runter und hofft, beim Fallen der Flagge „oben" zu sein. Man fixiert den Starter und lauert auf seine Bewegung.
Was mich persönlich betrifft, bin ich bereits eine Stunde vorher zum Starter gegangen, habe guten Tag gesagt und mich nach seiner Vorgangsweise erkundigt, ob er besonders rasch starten werde, ob er den Arm ansatzlos niederreißen oder ob er eine einleitende Bewegung machen werde. Wenn man höflich fragt, bekommt man freundliche Antworten, nach denen man sich richten kann.
Der Pulk von zwei Dutzend Formel-I-Fahrzeugen ist natürlich der nervöseste Haufen, den man sich vorstellen kann (damit sind mehr die Autos als deren Chauffeure gemeint), ein Zucken kann zu Reaktionen führen, und plötzlich kann das halbe Feld in Bewegung kommen, ohne daß der Starter das eigentlich so gemeint hat; in diesem Fall wird er sich beeilen, die Flagge schnell fallen zu lassen, denn durch ein Abbrechen des Startvorgangs würde man ungeheure technische Schwierigkeiten schaffen. Man kann höchstens, wenn man als einzelner einen offensichtlichen Frühstart baut, eine Zeitstrafe bekommen, die allerdings sehr empfindlich sein kann (z. B. eine Minute).
Ob es beim Starten einen Heimvorteil gibt? Es läßt sich nichts verallgemeinern, aber man könnte schon eher damit rechnen. Der argentinische Grand Prix wird gestartet, wenn Reutemann aufs Gas steigt.
Grundsätzlich ist es natürlich viel einfacher, in den hinteren Reihen einen Frühstart zu bauen, da man nicht so unter Beobachtung steht wie die Leute in der ersten Startreihe. Noch etwas macht den Start für die „Hinterbänkler" einfacher: Sie profitieren von gewissen Verzögerungseffekten, so daß sie auch bei einem mittelmäßigen Start nicht gleich um einige Plätze zurückfallen werden, hingegen kann ein Fehler des Pole-Position-Mannes dazu führen, daß er sich ein paar Sekunden später an sechster oder siebenter Stelle wiederfindet.
Zu ergänzen wäre noch, wie man bei regennasser Fahrbahn startet. Ich persönlich tue es jedenfalls mit dem zweiten Gang, weil ich so den Schlupf

besser kontrollieren kann. Die Drehzahl beim Einkuppeln ist in diesem Fall 9000 U/min.
Besonders unangenehm ist der Start in Monte Carlo, wo man schon hundert Meter nach dem Start eine Rechtskurve hat, daher ist dort die innere Position besonders wichtig. Es kommt immer nur ein Wagen durch — und wer außen ist, bleibt über. Wenn man nicht vorn ist, muß man sich fast mit Gewalt einfädeln. Außen durchzufahren ist eine hoffnungslose Sache, denn man fährt auf dem ganzen Schmutz, der neben der Ideallinie liegt, außerdem müßte man außen so viel vom Gas gehen, daß man in der Folge klar ausbeschleunigt wird von einem ganzen Rudel von Fahrern. Man muß sich einfach reinzwängen. Der Pole-Position-Mann hat ja die Wahl des Startplatzes. Er wird sich fast immer den inneren Platz wählen und wird vernünftigerweise dafür sorgen, daß der Platz halbwegs sauber ist. Da der innere Platz oft neben der Ideallinie liegt, fahre ich (falls ich schon die Pole-Position habe) gegen Ende des Trainings besonders oft über meinen Startplatz, um ihn zu säubern ... denn nichts reinigt besser als die Walzen eines voll fahrenden Formel-I-Autos.
Wenn ich in meiner bisherigen Karriere nach meinem besten Start suche, so

Eigenartige Situationen ergeben sich beim Start auf der schrägen Fahrbahn von Brands Hatch. Der (in Fahrtrichtung) rechts innen liegende Shadow startet mit zuviel Schlupf. Die durchdrehenden Antriebsräder können daher keine Seitenkräfte mehr aufnehmen, wodurch das Heck des Autos entsprechend der Fahrbahnneigung abrutscht. Auch andere Wagen auf der Innenbahn kämpfen mit diesem Problem.

ist es gleichzeitig der mit den abenteuerlichsten Begleitumständen. Grand Prix von England 1973 in Silverstone, ich fuhr BRM und stand neben Regazzoni in der vierten Startreihe. Als die Flagge fiel, fuhr ich ganze dreißig Zentimeter: Eine Halbachse war gebrochen. Von hinten fuhr mir Jackie Oliver leicht auf, aber das war alles. Ich war schrecklich vergrämt, als ich zur Box geschoben wurde. Ein paar Minuten später war mir klar, daß ein Schutzengel die Halbachse angesägt hatte: In Woodcote baute Jody Scheckter einen Dreher, schlug in die Boxenmauer ein und löste eine Massenkarambolage aus, an der beteiligt waren: Hailwood, Beltoise, Mass, Pace, Williamson, de Adamich, Follmer und Hill. Die Veranstalter ließen erst einmal aufräumen (de Adamich mußte aus seinem Brabham geschnitten werden), währenddessen organisierte ich mir das Wrack meines Teamkollegen Beltoise und ließ dessen Halbachse in meinen Wagen einbauen. Als nach anderthalb Stunden wieder gestartet wurde, stand ich zwar noch immer in der vierten Startreihe, aber vor mir war ein Loch, weil Scheckter inzwischen fehlte. Ich pfiff optimal weg, an Stewart und Cevert vorbei, und sah mich vor der ersten Kurve ganz knapp hinter dem führenden Ronnie Peterson. Er bremste außergewöhnlich früh und irritierte mich dadurch, ich dachte, er hätte vielleicht einen speziellen Grund dafür (etwa Öl auf der Strecke) und überholte ihn nicht, was ich eigentlich hätte tun können. Egal: Es war ein Superstart gewesen, ich hatte auf einen Schlag die Herren Cevert, Reutemann, Stewart, Fittipaldi, Hulme und Revson überholt. Es hat mir letzten Endes im Rennen nichts genützt, weil der linke Vorderreifen nicht mitspielen wollte, aber die Erinnerung an diesen Start macht mir noch heute Freude.

Der Anti-Climax zu Silverstone 73 war Nürburgring 74. Um das Debakel verständlich zu machen, muß ich zurückblenden zum vorhergegangenen Grand Prix, das war Brands Hatch gewesen. Ich hatte die Pole-Position neben Peterson gehabt, war leicht bergauf gestanden, hatte mir nicht viel Chancen gegen Ronnie ausgerechnet, dann aber doch einen Superstart gehabt. Die „Erfolgs-Drehzahl“ in Brands Hatch war genau 8000 Touren beim Einkuppeln gewesen. Wenn sich diese 8000 Touren unter den schwierigsten Bedingungen als optimal erwiesen hatten, so wollte ich sie auch für den Nürburgring beibehalten. Wieder hatte ich Pole-Position, diesmal stand ich neben Regazzoni, der mein schärfster Gegner um die Weltmeisterschaft war. Ich kannte ihn gut und wußte, daß ich ihn durch einen guten Start und zwei extrem schnelle Runden soweit demoralisieren könnte, daß das Rennen für mich gelaufen sein müßte. Der erste Fehler war aber, daß ich nicht bedachte, daß ich am Nürburgring 30 Liter mehr Sprit im Tank hatte als fünfzehn Tage zuvor in Brands Hatch. Wegen dieser 30 Liter waren die 8000 Touren einfach zuwenig, die Drehzahl fiel mir zusammen, ich kam ganz schlecht weg und war plötzlich nur Dritter. In diesem Moment war ich nicht clever genug, meinen Schlachtplan des Vorn-Wegfahrens sofort aufzugeben. Ich verkrampfte mich und wollte meinen Schnitzer mit Gewalt gutmachen: Ich versuchte Jody Scheckter sofort auszubremsen, um die Tuchfühlung zu Regazzoni nicht zu verlieren. Das wäre normalerweise auch in Ordnung gegangen, doch da war Fehler zwei: Ich hatte die Vorgeschichte des rechten Vorderreifens vergessen. Das kam so: Wir mußten am Vorstart einen Reifen austauschen, weil er beim Hinauffahren vom Fahrerlager zu den Boxen Luft verloren hatte. Dieser Weg wird normalerweise nicht mit dem Renn-Satz, sondern mit anderen Reifen gefahren, um auf dieser verschmutzten Strecke kein Risiko einzugehen. Erst an den Boxen wird dann die richtige Reifengarnitur montiert. Wir waren aber ziemlich unter Zeitdruck, so daß wir ausnahmsweise schon im Fahrerlager umgesteckt hatten. Das hätte alles noch nichts gemacht, da ja noch eine volle Nürburgringrunde (22 km) als Einführungsrunde bevorstand, was leicht gereicht hätte, um den neuen Reifen richtig anzufahren. Unglückseligerweise begann es aber in der Einführungsrunde leicht zu regnen, so daß ich die ganze Runde vorsichtig fahren mußte. Der neue Reifen wurde dabei nicht richtig erhitzt und hatte noch nicht seine volle Griffigkeit. Ich vergaß die Sache und wurde sehr brutal daran erinnert, als ich bei meinem Anbremspunkt vor der Nordkehre (zweite Kurve nach dem Start) auf das Pedal stieg. Das Auto verzog so stark, daß ich mit Scheckter kollidierte und mich anschließend in den Fangzäunen wiederfand. Die Lehre: Mit ungleich angefahrenen Reifen kann man sich nicht gleich in große Kämpfe einlassen.

„Sieg" beim Regenstart in Zolder 1975. Der spätere Sieger Hunt liegt hinter Scheckter auf dem dritten Platz.

BERUFSGRUPPE:
FORMEL-I-FAHRER

Mario Andretti

Vittorio Brambilla ▲
Patrick Depailler ▼

Tony Brise ▲
Mark Donohue ▼

Emerson Fittipaldi ▶

Bob Evans ▲ *James Hunt* ▶

Wilson Fittipaldi ▼

Jacky

◀ *Jacky Ickx*

Jean-Pierre Jarier

Niki Lauda ▼ Alan Jones ▲ Jacques Laffite ▲ Lella Lombardi ▶

◀ *Jochen Mass* *Carlos Pace*

Ronnie Peterson ▲ *Tom Pryce* ▼

Clay Regazzoni

Carlos Reutemann

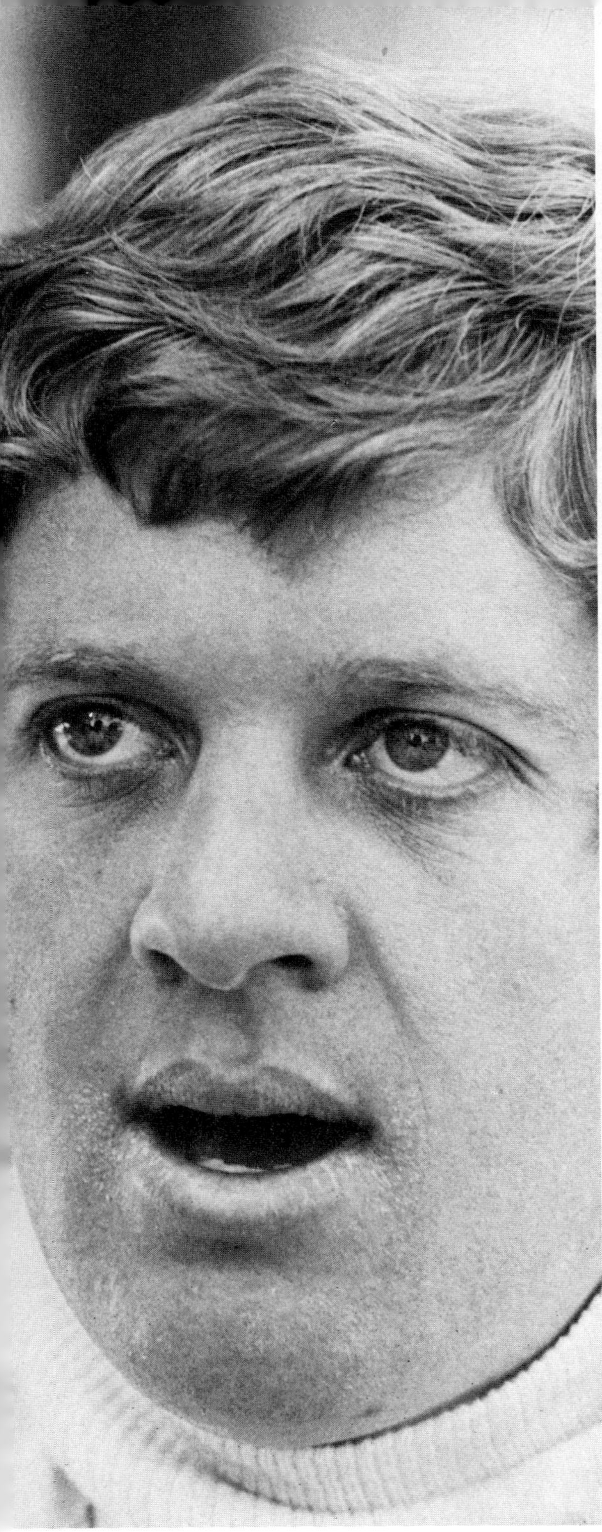

Ian Scheckter

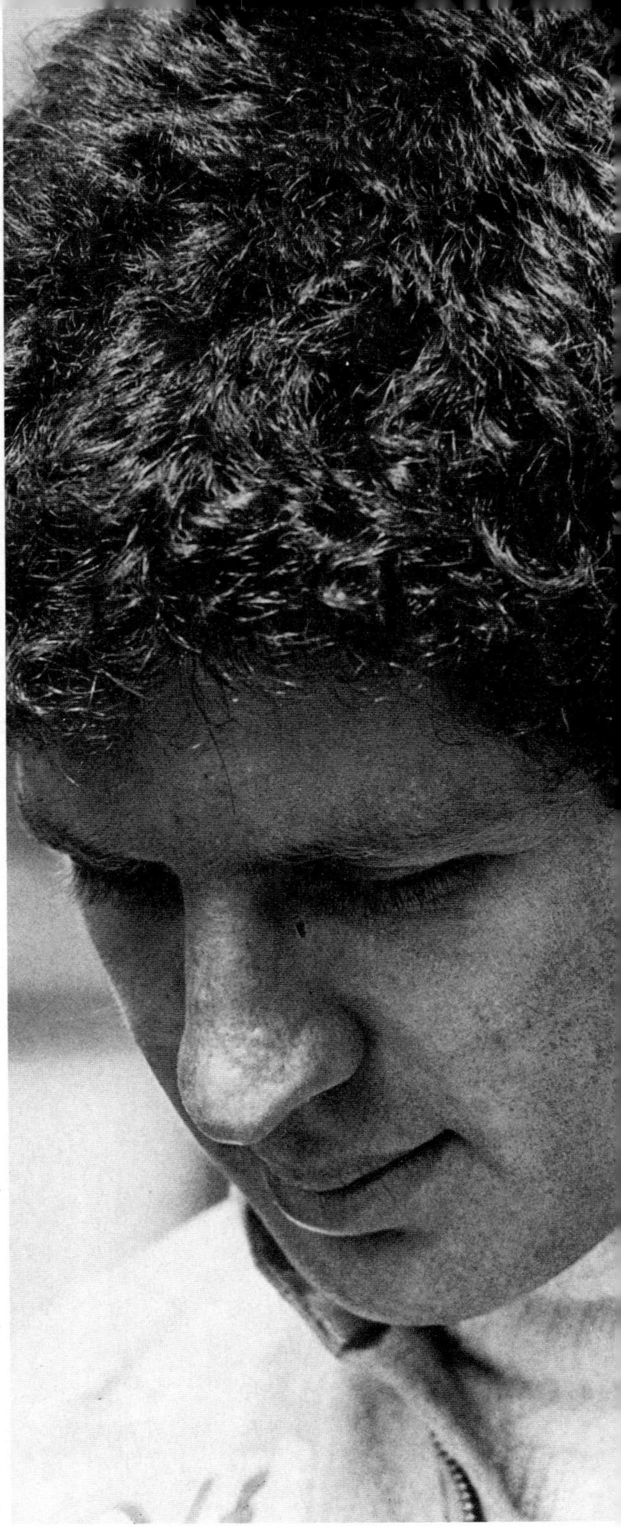

Jody Scheckter

Rolf Stommelen

Hans-Joachim Stuck ▶

H.J.

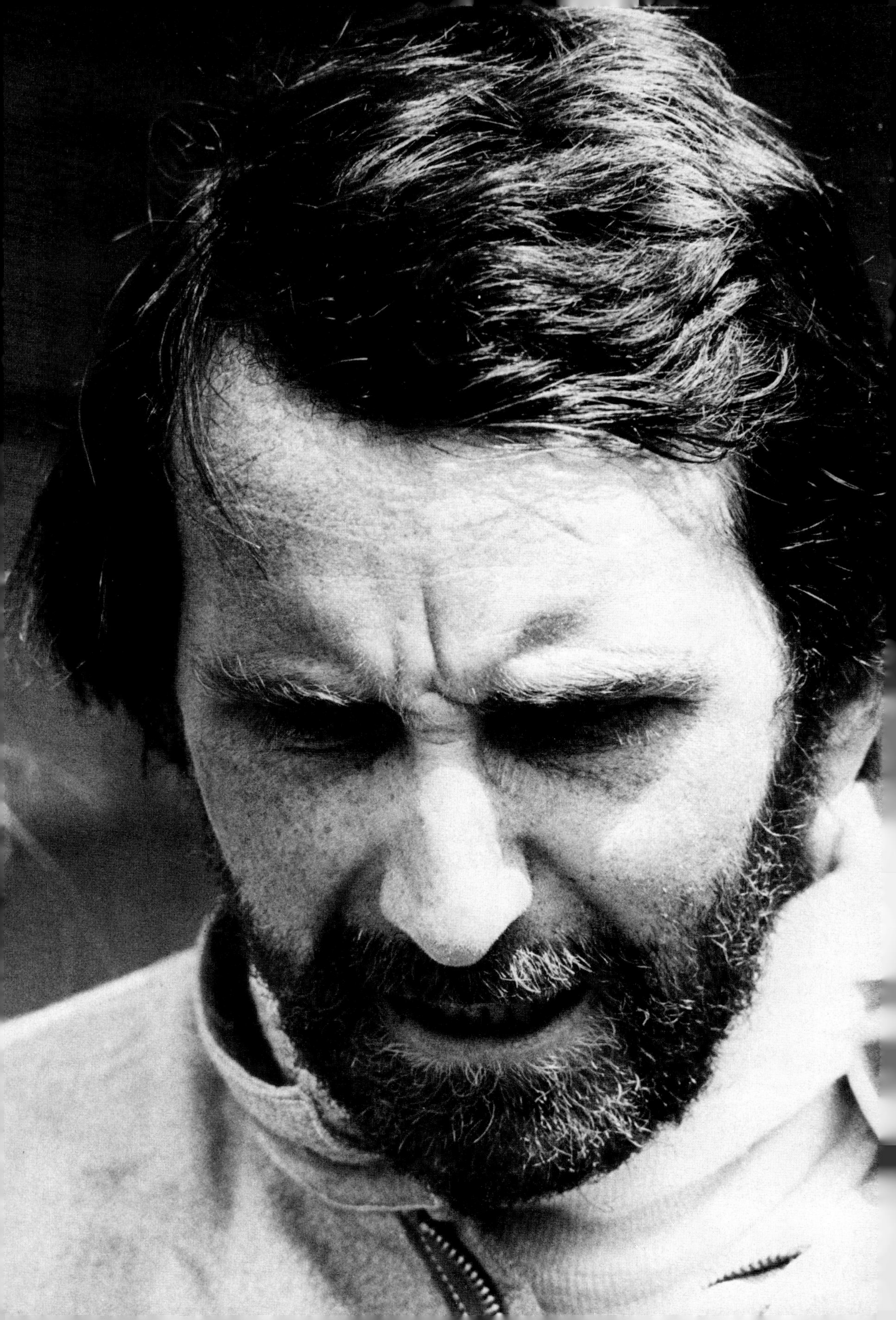

RENN-ROUTINE

Zur Renn-Routine gehören die mehr oder weniger mechanischen Vorgänge des Autofahrens, wie ich sie schon beschrieben habe, die Beobachtung der Instrumente und der Boxensignale.

Die Aufmerksamkeit, die ich den Instrumenten schenke, ist recht unterschiedlich. Wenn man gerade mit einem Gegner herumrauft, wird man sich möglichst wenig durch die Instrumente ablenken lassen; wenn man hingegen Zeit und die Gegner im Griff hat, gilt alle Angst und Fürsorge nur den Instrumenten — obwohl man auf Abweichungen von der Norm gar nicht sehr viel unternehmen kann.

Der wichtigste Blick ist immer der auf den Drehzahlmesser, und zwar vor jeder Annäherung an die Drehzahlgrenze. Durch Erfahrung kann man vom Klang des Motors die Drehzahl ziemlich genau schätzen, ich schaue bei 12 000 Touren hin und bleibe die restlichen 300 Touren bis zu meinem Limit mit den Augen dran.

Die übrigen Instrumente checkt man je nach dem Druck, unter dem man steht: Wenn's geht jede Runde einmal, oder nur alle zwei Runden, im schlimmsten Fall auch zehn Runden lang nicht ... solange alles gutgeht, solange der Motor gut klingt, sich alles gut anfühlt und die Höchstdrehzahlen programmgemäß erreicht werden.

Welche konkreten Möglichkeiten hat man, wenn irgendein Instrument was Böses zeigt? Grundsätzlich: Man kann nicht allzuviel machen, die Instrumente haben im Training weit größere Bedeutung als im Rennen, denn im Training hat man ja noch Handlungsfreiheit und kann etwas am Auto ändern oder reparieren. Boxenhalte im Rennen kann man heutzutage fast vergessen (außer für Reifenwechsel), selbst simples Wasser-Nachfüllen bedeutet, daß das Rennen verloren ist (Verkleidung runter, Deckel auf, Wasser rein, kocht über und so weiter ... das ist schon fast sinnlos).

Am ehesten kann man noch auf die Wassertemperatur reagieren: Wenn sie zu hoch ist, geht man mit den Drehzahlen etwas runter. Wenn dann die Temperatur konstant bleibt, hat man Chancen, daß nur eine Kleinigkeit schuld war, etwa ein Papier, das einen Kühler verlegt hat. Natürlich könnte auch ein Ölkühler ähnlich verlegt sein, auch hier wird man mit niedrigeren Drehzahlen reagieren. Wenn die einzige Warnlampe im Cockpit aufleuchtet, dann handelt es sich um den Öldruck, da ist in den seltensten Fällen noch etwas zu

◀ *John Watson*

retten. Wenn es aber knapp vor Schluß ist (Monaco 1975), kann man sich durch langsame Kurvengeschwindigkeiten über die Distanz retten.

Wenn man also bei den Instrumenten gar nicht so recht das Gesetz des Handelns hat, sondern nur hofft, daß sie nicht aufmucken, sind die Boxensignale echte Aktivmacher. Für mich ist die Anzeige in jeder Runde unerhört wichtig. Wenn der Mechaniker vergißt, die Tafel rauszuhalten, so ist das eines der wenigen Dinge, die mich derart irritieren, daß sie mich in Zorn bringen. Klar, wenn ich wie die Butter im Sandwich bin — je ein Gegner knapp vor und hinter mir — ist die Tafel nicht so wichtig, da sehe ich ohnedies, wie die Sache läuft, ob sich was ändert oder nicht. Aber wenn ich nicht in Tuchfühlung bin, muß ich dauernd informiert werden. Auf der Tafel steht unter LAUDA, weiters mit + und — (auf Zehntel genau) der Vorsprung auf meinen nächsten Verfolger und der Rückstand auf meinen Vordermann. Bei jeder der letzten 20 Runden kommt noch eine Zusatztafel raus: Noch soundsoviel Runden. Normalerweise erkennt man die Tafeln sehr gut, Schwierigkeiten kann es nur auf Kursen geben, auf denen die Boxen im Auslauf einer Kurve sind (etwa Silverstone).

Warum mir die genaue Information so wichtig ist? Weil man immer nur so schnell fahren sollte, wie es zum Sieg notwendig ist. Wenn man mir +10 zeigt und noch zehn Runden zu fahren sind, lasse ich pro Runde um knapp eine Sekunde nach... und so tun's natürlich auch andere, wenn sie führen, ganz besonders so kühle und intelligente Fahrer wie Fittipaldi. Die sogenannte „Dramatik" im Finish ist also oft nichts anderes als das berechnende Nachlassen des Leaders, der sein Auto schonen will.

Wie weit die eigene Box die Angaben manipuliert, um mich etwa zu stimulieren, kann ich nicht genau sagen — ich glaube, es kommt sehr selten vor, weil man mich für vernünftig genug hält, das Richtige zu tun. Einmal habe ich allerdings etwas gesehen, das mich sehr irritierte: Ich führte vor Regazzoni, meine Box zeigte mir +30, aber ich sah auch die andere Tafel, die man für Regazzoni bereit hatte, da stand —20. Solche Dinge ärgern mich, denn ich will mich auf die Anzeige meiner Box hundertprozentig verlassen können.

Diese mir geltenden Tafeln bedeuten, daß ich mit 1,2 Sekunden Vorsprung auf Regazzoni und 3,3 Sekunden auf Fittipaldi in Führung liege und daß noch vier Runden zu fahren sind. Wenn die Dinge so klar liegen wie in diesem Fall, wird oft auf das Hinzufügen des Namens verzichtet. Normalerweise würde am Unterrand der großen Tafel LAUDA stehen.

1
+12 REGAZ
+33 FITTI.E
4 LAPS
200

POSITIONSKÄMPFE, TAKTIK

Ein eingestreuter Satz im vorigen Abschnitt beinhaltet so ziemlich alles, was es heutzutage noch an „Taktik" gibt: Immer nur so schnell fahren, wie es zum Gewinnen nötig ist. Und wenn man nicht am Gewinnen ist, ist die „Taktik" genauso simpel: So schnell fahren, wie man kann. Die „taktischen Kunstgriffe" und „taktischen Geheimnisse" sind von den Journalisten hineingedeutelt... außer man nennt es Taktik, daß einer versucht, möglichst gut zu starten, möglichst schnell von den Gegnern wegzukommen, dann möglichst schonend zu fahren und dabei zu gewinnen.
Wenn schon der einzelne keine Taktik hat, weil er keine haben kann, so gilt das noch viel mehr für ein Team: Teamtaktik ist ein leeres Wort. Es könnte höchstens so etwas wie eine Priorität bei jenen Teams geben, die eine klare Nummer eins haben (in der Saison 75 etwa McLaren mit Fittipaldi, Tyrrell mit Scheckter) — da könnte es eventuell vorkommen, daß die Nummer zwei im Finish die Nummer eins vorläßt, wenn der Nummer eins dadurch in der Weltmeisterschaftswertung geholfen werden kann. Aber bei Teams mit gleichrangigen Fahrern — Lauda/Regazzoni, Pace/Reutemann, Ickx/Peterson — gibt es untereinander keine Rücksichtnahme, Regazzoni ist für mich ein Gegner, den ich genauso hart bekämpfe wie jeden anderen... ich erwarte auch von ihm keine Höflichkeiten auf der Piste. Das kann sich nur dann ändern, wenn einer von uns Weltmeister werden kann und der andere nicht einmal eine theoretische Chance dafür hat, so war es beispielsweise 1974 im allerletzten Lauf in Watkins Glen — natürlich hätte ich da Clay geholfen, wenn ich gekonnt hätte. Gehirnschmalz kann also während des Rennens niemals soviel bringen wie vorher, bei der Einstellung, beim Voraussehen gewisser Dinge. Mein Sieg im Grand Prix von Schweden 1975 war sicherlich zum Großteil darauf zurückzuführen, daß ich die härtere Reifenmischung wählte und alle Hauptgegner mit der normalen Rennmischung fuhren. Natürlich sah das dann im Rennen wie „Taktik" aus: Zuerst bin ich langsamer, am Ende bin ich vorn, da könnte man meinen, ich sei zu Beginn „verhalten" gefahren — Unsinn, ich fuhr die ganze Zeit auf dem letzten Loch, hatte anfangs die größte Mühe, überhaupt mitzukommen, und dann, als der erhoffte Reifeneffekt eintrat, kam ich eben vor. Aber die eigentliche Handlung wurde vorher gesetzt; im Rennen selbst konnte ich nichts anderes tun als voll zu fahren.

Eine der übelsten Dinge im Rennsport: Überholen bei Regenrennen durch die Gischt des Vordermannes.

GOODYEAR
Valvoline
TEAM USA
27

ÜBERHOLEN

Das Überholen wird immer weniger lustig. Bei den gleichwertigen Autos, die wir heute haben, ist auf einigen Strecken das Überholen auch eines langsameren Gegners rein rechnerisch gar nicht möglich. Nehmen Sie den Extremfall Monaco: Bremspunkt und Kurveneinfahrt folgen jeweils so dicht aufeinander, daß man nirgendwo genügend Geschwindigkeitsüberschuß holen kann. Das heißt, daß heute jedes Überholmanöver, das in Monaco passiert, entweder auf ein angeschlagenes Auto oder auf einen Fahrfehler des Vordermanns (oder auf dessen Goodwill) zurückzuführen ist. Als Angreifer kann man nichts anderes tun, als sich möglichst breit in den Rückspiegel des anderen zu setzen, ihn dauernden Druck spüren zu lassen und auf seinen Fehler zu warten. Daher darf man nie nachlassen, sich nie aus der Schlagdistanz zurückfallen lassen — sobald er einen Fehler macht, mußt du da sein, ohne Zögern.
Zum Glück gibt es aber auch andere Rennstrecken, an denen das Überholen noch ein schöner Kampf mit allen möglichen Finessen ist.
Aus der Sicht der Vorderen sieht es etwa so aus. Daß einer von hinten kommt und mich, zack, überholt, gibt es nur dann, wenn mein Auto defekt ist. Im Normalfall kann er nur langsam aufschließen, erst einmal hinterdreinfahren und Druck ausüben. Ich schaue bei jedem Kurvenausgang in den Rückspiegel, sehe, ob er näher gekommen oder zurückgefallen ist. Nach einiger Zeit weiß ich genau, wie sich sein Auto verhält, was es besser kann als meines und wo es mir unterlegen ist. Es kommt ja auf den Geschwindigkeitsunterschied im Kurvenausgang an, von dort baut sich fast jedes Überholmanöver auf. Wenn es fünf Kurven gibt und ich in drei davon (um einen Hauch) langsamer und in den beiden anderen gleich schnell bin, habe ich eine gute Chance, ihn zu halten: Ich drücke in meinen „guten“ Kurven etwas das Tempo und fahre dafür in „seinen guten“ Kurven mit Aufbietung aller Kräfte. Der wirkliche Angriff kann aber nur an ganz wenigen Stellen des Kurses, oft sogar nur an einer, kommen: Das Fahrzeug muß aufschließen, bis auf einige Dutzend Zentimeter herankommen, knapp vor der folgenden Kurve ausscheren und versuchen, als erster die Innenbahn der Kurve zu gewinnen. Das „Zumachen“ der Innenbahn — nicht zu verwechseln mit gefährlichem Zickzackfahren auf der Geraden! — ist völlig legal und ein taugliches Mittel des Angegriffenen, daher muß der Angreifer auch immer mit dieser Möglichkeit rechnen.

Das große Lotteriespiel der Saison 1975: Wie weit soll die Bahn aufgetrocknet haben, wenn man von den Regenreifen auf Slicks umstecken läßt? (Im Bild Reutemann, Mass und Pace mit Regenreifen.)

8
MARTINI
TEXA D-Marlboro
MARTINI
GOODYEAR
TEXACO
Marlboro
2
GOODYEAR
7
MARTINI

Aus der Sicht des Jägers: Ich muß vor allem versuchen, den Vordermann zu irritieren. Ich habe ihn rundenlang studiert, kenne die Stärken und Schwächen seines Autos, weiß, ob es übersteuert oder untersteuert, wie es beschleunigt und wie seine Höchstgeschwindigkeit ist. Daraus wird sich für mich ein bestimmter Punkt herauskristallisieren, was aber nicht heißt, daß ich nicht auch an anderen Stellen Angriffe andeute. Ich muß immer an anderer Stelle in seinem Rückspiegel auftauchen, links, rechts, links, dann dreimal rechts und einmal links und einmal außerhalb des Spiegel-Blickwinkels, ich muß ihn also dauernd beschäftigen. Daher werde ich auch dann zu Überholversuchen ansetzen, wenn ich mir eigentlich ausrechnen kann, daß es sich kaum ausgehen wird. Dazu werde ich vorerst nicht an seinem Hinterrad kleben. Ich versuche, aus der Kurve heraus näher an ihn ranzukommen, im Windschatten aufzuschließen, bis an einige Zentimeter an ihn ran, dann mit meinem Geschwindigkeitsplus ausscheren und die Innenbahn der kommenden Kurve anpeilen. Wenn ich dabei nicht deutlich vorkomme und wir beide gleich gut bremsen, habe ich keine Chance, denn er wird „zumachen" — aber ich werde das Manöver trotzdem mehrmals versuchen. Er braucht ja nur einmal den Bremspunkt zu versäumen, kann daher nicht auf Ideallinie innen fahren, sondern muß sich draußen abbremsen — in diesem Moment bin ich auch schon innen durch.
Ein Überholen in langsamen Kurven ist aus einleuchtenden Gründen nicht möglich (jeder fährt gleiche Geschwindigkeit), in schnellen Kurven ist es deshalb nicht denkbar, weil dort der Windschatten nicht „funktioniert": Durch die vom Vordermann durchwirbelte Luft wird der Bodendruck des nachfolgenden Autos stark verringert, was auf der Geraden keine Rolle spielt, in Kurven ist dieses „Leichterwerden" der Lenkung aber fatal, die ganze Aerodynamik des Autos „stimmt" nicht mehr, es verhält sich völlig unkontrolliert. Der Überholvorgang wird also fast immer ausgangs einer Kurve eingeleitet, auf der Geraden angetragen und in der Bremszone abgeschlossen. Die Verunsicherung des Gegners bei der Wahl des Bremszeitpunkts ist eines der wichtigsten Mittel des Jägers. Als Beispiel möchte ich eines meiner schönsten Duelle in der Saison 1975 anführen:
Anderstorp. Reihenfolge Reutemann — Pace — Lauda. Um an Reutemann heranzukommen, muß ich vorerst mit Pace anbändeln, was sich zu einem äußerst aufwendigen Unternehmen auswächst. Ich studiere ihn erst einmal: Beschleunigung aus den Kurven heraus ist bei uns beiden gleich gut, auch beim Bremsen finde ich keine Unterschiede, seine Endgeschwindigkeit auf der

Abfahrt nach Reifenwechsel. Einige Mechaniker tragen Handschuhe gegen die Hitze, die von den Bremsen bis zu den Zentralverschlüssen ausstrahlt.

LOCKHEED
GOODYEAR
Niki Lauda
HEUER
12
Agip
SKF

Geraden ist etwas höher als meine. Also gibt es im Moment gar keine Chance für mich, ich kann mich nur in seinen Rückspiegel setzen, ihm ganz knapp dranbleiben, ihm lästig fallen. Rund 20 Runden tut sich praktisch überhaupt nichts, ich fahre wie ein Schinder, um überhaupt mitzukommen, keine Idee von Überholen. Endlich ein Fehler von Pace: Er bremst etwas zu spät, kommt von der Ideallinie ab und raus auf den „Schmutz", muß lupfen und rutscht quer driftend außen dahin (Linkskurve). Ich fahre natürlich auf der Innenbahn und gebe Gas. Er rudert draußen herum (ein Meter weiter und er wäre auf dem Gras), fängt den Wagen aber ein und gibt im gleichen Moment Gas, in dem ich innen gleichauf bin. Wir kommen gleichzeitig aus der Kurve, fliegen auf eine Rechtskurve zu, da ist er natürlich der Stärkere, weil er jetzt die Innenbahn hat. Also fahre ich wieder brav hinterdrein und komme zur Überzeugung, daß ich selbst einen Fehler von ihm nur im Bereich der Geraden ausnützen könnte — er darf die Kurve vor dieser Geraden nicht verpatzen, drum verstärke ich gerade dort in jeder Runde meinen Druck, bin immer einen Meter hinter ihm. Er weiß genauso wie ich, wie die Situation aussehen würde, die schlecht für ihn und gut für mich wäre: Wenn er zu spät bremste, zu weit raus käme, dadurch ins Übersteuern geriete und dann lupfen müßte. Dieses Lupfen würde ihm dann auf der Geraden fehlen, ich würde vorbeigehen. Tatsächlich kommt irgendwann der Zeitpunkt des Zu-spät-Bremsens, sein Heck beginnt zu wandern. Er hat aber ein unerhörtes Herz und tut eines nicht: Er lupft nicht. Er läßt nicht nach, will den Wagen einfangen, kämpft, kämpft, kämpft — bis er sich dreht und innen von der Fahrbahn schießt (und dabei noch viel Glück hat, denn er verfehlt einen von Leitschienen eingefaßten Streckenposten nur knapp).

Der entscheidende Überholvorgang an Reutemann, der mich dann an die Spitze des Feldes brachte, stand unter völlig anderen Vorzeichen. Vorerst konnte ich mich immer nur bis an sein Hinterrad heransaugen, und das hilft gar nichts, denn auch das kühnste Ausbremsen hat nur dann eine Chance, wenn man nicht mehr als zwanzig Zentimeter (Schnauze zu Schnauze) hinten ist. Dafür wurden dann seine Reifen schlechter und schlechter, ich merkte es immer deutlicher am Übersteuern seines Brabham. Daher mußte er im Kurvenausgang lupfen, somit kam ich mit meiner Schnauze bis zu seiner Wagenmitte heran. In dieser Formation schossen wir auf die (Feinheit von Anderstorp!) Verengung in der Geraden zu, wobei ich auf der „richtigen" Seite war, er mußte vom Gas, und ich war vorn.

Diese beiden Überholvorgänge sehen eigentlich grundverschieden aus, haben aber einen gemeinsamen Nenner, und zwar die wichtigste Regel des Positionskampfes: Du mußt auf deinen Gegner dauernd Druck ausüben, du darfst selbst

Ein Gerät, das mit sehr viel Geschick gehandhabt werden muß, wenn's schnell gehen und trotzdem der Job ordentlich getan werden soll: Schlagschrauber.

dann nicht kampflos hinterdreinfahren, wenn du eigentlich gar keine Überholchance hast. Du wirst diese Chance nie bekommen, wenn du nur brav wartest. Im konkreten Fall unseres Beispiels hätte Pace nie den Fehler des späten Bremsens mit all seinen Konsequenzen gemacht, wenn ich ihm nicht dauernd so dick im Rückspiegel gesessen wäre. Und wenn ich dann nicht dauernd Druck auf Reutemann ausgeübt hätte, hätte er langsamer fahren und seine Reifen schonen können, dadurch wäre er nie in jenes Übersteuern gekommen, das mir das Überholen ermöglichte.
Wenn man vom gleichen Material ausgeht, ist jeder Weltklassefahrer gleich schwer zu überholen. Da gibt es überhaupt keine Unterschiede, etwa daß man sagen könnte, dieser oder jener wäre unangenehmer, härter oder weniger hart. Und Weltklassefahrer, damit meine ich (alphabetische Reihung) Fittipaldi, Pace, Peterson, Reutemann, Scheckter an allen Tagen sowie Depailler, Hunt, Jarier, Regazzoni an manchen Tagen. (Zeitpunkt dieser Meinungsäußerung: Saisonmitte 1975.)

WAS VERÄNDERT SICH IM RENNEN?

Autos, Fahrer und selbst die Fahrbahn können sich während des Rennens verändern. Am bekanntesten ist wohl, daß sich das Fahrverhalten eines Autos je nach Tankfüllung verändern kann. Manche Konstrukteure haben ein möglichst neutrales Mittelmaß zu einem ihrer wichtigsten Zielsetzungen erhoben, andere haben sich weniger darum geschert, daher reagiert jedes Auto anders. Beim Ferrari 312 T ist es so, daß er vollgetankt etwas ausgeprägter übersteuert und dies mit fortschreitender Leerung des Tanks abbaut. Dies ist ein gutmütiges, unproblematisches Verhalten.
Daß sich Reifen durch starken Abrieb oder besondere Hitze verändern, wurde schon erwähnt. Man entdeckt aber immer wieder neue „geheimnisvolle" Veränderungen, die einen völlig überraschend treffen. Die letzte erlebten wir beim Training zum Grand Prix von Schweden 75. Die Reifen verloren ihre Leistung, ohne es zu zeigen (normalerweise erkennt man an besonderer Form von Gummiwuzerln, wenn ein Reifen am Kaputtgehen ist). Wir mußten lange herumraten, bis wir überhaupt die Reifen als die Schuldigen herausfanden (das Auto übersteuerte immer stärker, was immer wir auch verstellten ... bis wir neue Reifen aufzogen, da hatten wir plötzlich Untersteuern). Die Erklärung für dieses Phänomen war wohl folgende: Die beiden U in Anderstorp ergeben extrem langen einseitigen Druck auf die Räder. Dieser Druck wirkt sich offensichtlich so arg aus, daß im Karkassenaufbau eine Bewegung stattfindet, die den Reifen weicher macht.

Veränderungen am Motor? Wir wissen zwar, daß eine Maschine während eines Rennens rund 20 PS verliert, aber dieser Verlust ist nicht spürbar, der Motor fühlt sich am Ende genauso an wie beim Start... wenn er nicht überhaupt kaputt wird, was bei den Ferrari-Motoren aber höchst selten vorkommt.

Kupplung, Getriebe, Aufhängungen und sogar die Bremsen (!) sind auf einem derartigen Standard der Perfektion, daß man im ganzen Rennen keine Veränderung bemerkt, ich kann in der letzten Runde noch mit der normalen Bremswirkung rechnen.

Die Fahrbahn kann sich während eines Rennens recht gravierend verändern. Zum Beispiel dann, wenn ein Wagen überdurchschnittlich viel Öl versprüht (denn winzige Mengen werden ja dauernd versprüht). Auslaufendes Öl würde

Wettbewerb im Reifenwechseln am Vortag des Grand Prix 1975 in Silverstone: Tyrell siegte. Ferrari verlor nicht nur im Show-Kampf, sondern auch am nächsten Tag, als es ernst wurde mit dem Reifenwechseln.

vorerst in den Auffangtank jedes Wagens fließen, kann von dort aber in Kurven überschwappen. Öl auf der Strecke kann ein Chaos bedeuten.
Im Normalfall wird die Fahrbahn durch den leichten Ölverlust aller Wagen und den Reifenabrieb etwas rutschiger, daher können die Rundenzeiten langsamer werden, obwohl sie wegen der geringer werdenden Tankfüllung deutlich schneller werden müßten. Auf jeden Fall wirkt sich diese Verschmutzung so stark aus, daß die schnellste Rundenzeit während des Rennens nie so schnell ist wie die beste Trainingszeit.
Fahrer verändern sich normalerweise nicht im Rennen, denn jeder sollte knapp zwei Stunden lang seine volle körperliche und geistige Leistung bringen können. Manche Fahrer haben natürlich Eigenheiten, sie brauchen eine gewisse Aufwärmzeit oder lassen sich vom Gegner demoralisieren und verlieren dadurch an Punch. Am schwersten fällt einem ein Rennen dann, wenn man vom Start weg in Führung gegangen ist, diesen Vorsprung ausgebaut hat und nun seinen Sieg nach Hause fahren soll. Da wird man sinnvollerweise etwas langsamer fahren, dabei zählt man die Runden und hört mit überlangen Ohren alle Geräusche, auch die, die es gar nicht gibt — ein solches Rennen dauert wochenlang. Aber auch da sollte man so austrainiert sein, daß man bis zuletzt seine volle Leistung bringt.
Auch Schmerzen oder Unbequemlichkeiten sollte man für die relativ kurze Dauer eines Grand Prix wegstecken können, ohne es zu einer Beeinträchtigung der Leistung kommen zu lassen. Dazu gehört vor allem die obligate Blase an der Innenseite der rechten Hand (vom Schalten verursacht), in Interlagos sind es Genickschmerzen, die durch die extremen Fliehkräfte und die entsprechende Anstrengung beim Geradehalten des Helms bedingt sind.
Manche Fahrer haben Probleme mit Schweiß, der ihnen in die Augen läuft und dann unangenehm brennt (ein Augenribbeln ist ja unter dem Helm nicht möglich). Ich glaube, Jaussaud litt am stärksten darunter, er trug ein Stirnband aus Frottee unter dem Helm. Ich kenne das Problem eigentlich nur vom Hörensagen, weil ich sehr wenig schwitze.
Daß Wind unter dem Sturzhelm reinbläst und unangenehm wird, sollte eigentlich nicht vorkommen, denn das muß man im Training bemerkt und eine Erhöhung der Windschutzscheibe veranlaßt haben. Normalerweise schließt die Windschutzscheibe in Höhe der Nasenmitte ab. Dadurch hat man, wenn man sich duckt, einen Schutz vor daherfliegenden Dingen (Gummistücke, Steinchen) und Vögeln. Wenn dieser schmale Streifen, den ich da so hochtrabend Windschutzscheibe nenne, richtig dimensioniert ist, hat man überhaupt keine Schwierigkeiten mit dem Wind — man spürt ihn zwar, aber er stört nicht.

GTX G

24

GTX GTX
Gulf

Mit Günther Traub

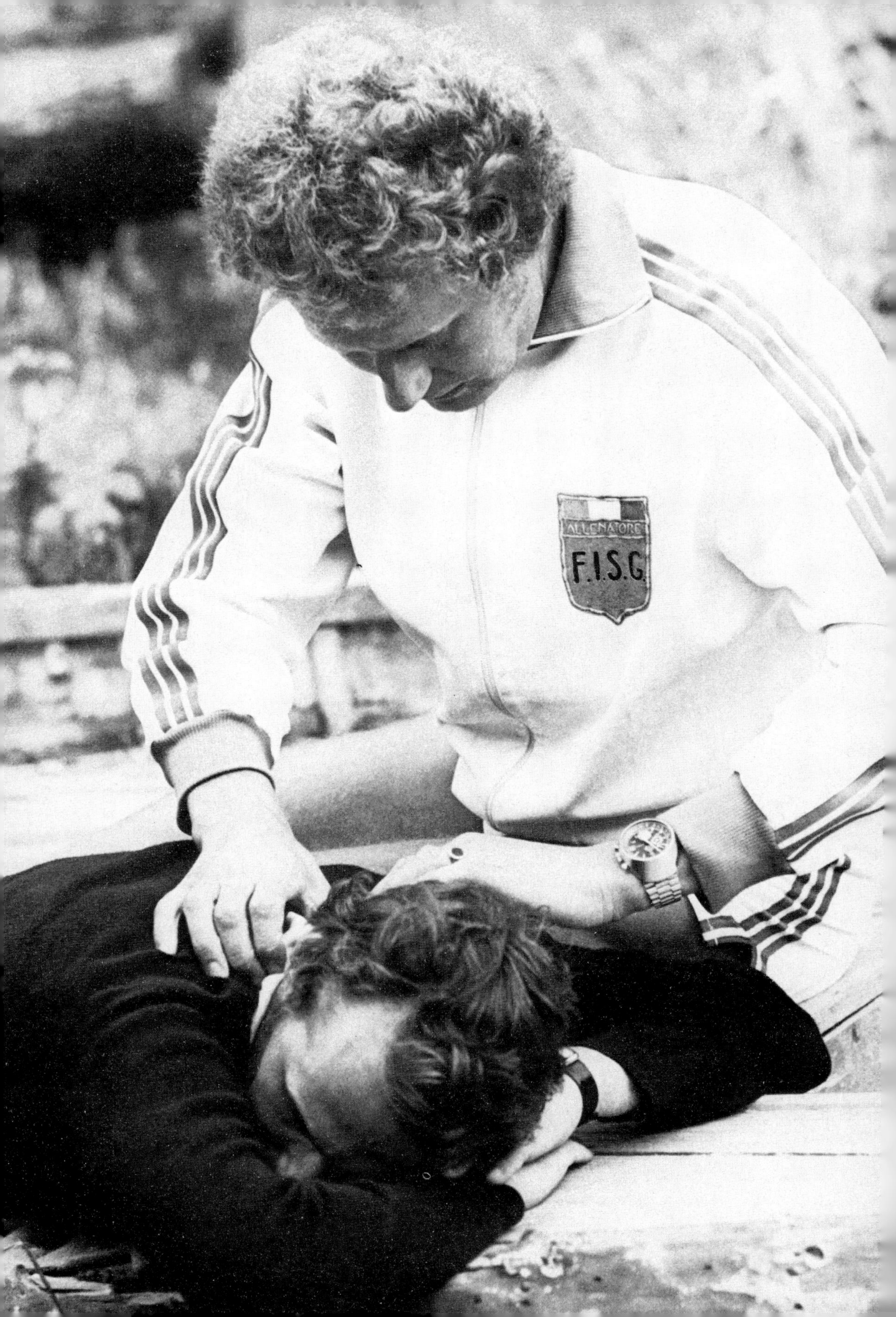
ALLENATORE
F.I.S.G.

Cessna Golden Eagle

REGENRENNEN UND REIFENWECHSEL

Ein Regenrennen hat eigene Spielregeln und steckt voller technischer Nuancen, bei denen jede Vorausplanung ihre Grenzen findet... man ist viel mehr auf Kompromisse und Improvisation angewiesen als sonst.

War es im Training trocken und regnet es am Renntag, muß die Abstimmung des Autos komplett umgestellt werden. Grundsätzlich wird das Auto weicher gemacht, damit es mehr „rollt", also mehr Seitenneigung aufbaut — dadurch hat man besseren Bodenkontakt, mehr Gefühl für die Reaktionen des Wagens. Vorne hinausschiebende Autos sind im Regen besonders schlecht zu fahren, daher wird man versuchen, zu übersteuerndem Fahrverhalten zu kommen. Man stellt den vorderen Flügel besonders steil, um den Anpreßdruck an der Vorderachse zu erhöhen, weiters richtet man den hinteren Stabilisator hart ein, den vorderen weich. Diese Einstellung nimmt man vorerst gefühlsmäßig vor, dann gibt es ein zusätzliches kurzes Training zur Kontrolle. Ich empfinde die Regenabstimmung dann als richtig, wenn das Auto feinfühlig auf das Gaspedal anspricht, wenn ich mir mit Gaseinsatz helfen kann, korrigieren kann.

Daß die breiten Reifen das Aquaplaning ganz hervorragend fördern, ist klar, man bewegt sich auf Pfützen dementsprechend respektvoll, wird eventuell sogar noch zusätzliche Rillen in der Mitte der Reifen einschneiden lassen.

Schon bei einem normalen Rennen schenkt am Start keiner dem anderen was; bei Regen wird der Kampf noch härter, denn das Überholen ist noch schwieriger als sonst, dementsprechend gewinnt der Start an Bedeutung.

Einer der härtesten Jobs im Formel-I-Sport ist Führungsarbeit in den ersten Runden, vor allem dann, wenn es im Training trocken war, man also keine Erfahrungswerte hat und sich jeden einzelnen Brems- und Schaltpunkt neu erarbeiten muß — nur nach Gefühl. Bis man endlich gewisse Erfahrungen hat und sich Eselsbrücken gebaut hat, sind oft die Verhältnisse wieder anders.

Welches Gefühl es ist, wenn man in der Gischt des Vordermannes fährt, können Sie sich anhand simpler Autobahnbeispiele vorstellen — man muß eine gewisse Unerschrockenheit haben, um am Mann zu bleiben und dann vielleicht gar noch zu überholen versuchen. Sichtprobleme gibt es nicht nur durch die Gischt, sondern auch durch das Anlaufen des Visiers. Man kommt ja mit der Hand nicht dazu, also haben verschiedene Leute an technischen Lösungen herumgebastelt. Es gibt heute schon beheizbare Visiere, die an die Bordelektrik angeschlossen werden. Eine perfekte Lösung existiert aber noch nicht, denn auch die Beheizung kann nicht verhindern, daß durch die Luftverwirbelung Wasser von unten in den Sturzhelm gedrängt wird. Am ärgsten ist das Beschlagen des Visiers am Start, wenn man das Ding zum erstenmal runterklappt. Da sehe ich den Mann neben mir, wie er verzweifelt das Visier auf- und zuklappt und letzte Putzversuche unternimmt. Mich hat die Natur mit einer Einrichtung ausgestattet, die wirklich ungeheuer professionell ist: Mit meinem Nüßchengebiß kann ich spielend meine ausgeatmete Luft nach unten pfeifen.

Und nun zum kompliziertesten aller Fälle: Das Regenrennen, das zum Trockenrennen wird. Vor dem Start hat man die Entscheidung über die Abstimmung treffen müssen, und damit muß man nun fertigwerden, denn die Zeit des Reifenwechsels ist zu kurz, um dabei auch nur die kleinste Kleinigkeit anders einzustellen. Ein Auto, das im Regen ordentlich zu fahren war, kann unter keinen Umständen auch für trockene Fahrbahn ideal sein. Wie arg das geänderte Fahrverhalten dann ausfällt, ist Glückssache. Nicht nur wegen der zu weichen Einstellung, denken Sie an die Bremsen beziehungsweise an die Bremskraftverteilung. Ein Wagen mit Trockenabstimmung wird im Regen hinten überbremsen[1], was ganz scheußlich ist; umgekehrt wird man mit einem regenabgestimmten Auto am Trockenen schlecht verzögern, weil man hinten zu wenig Bremskraft hat.

Wenn es also dazu kommt, daß die Ideallinie auftrocknet und die Regenreifen zu einer hoffnungslosen Angelegenheit werden, naht die große Stunde der Boxenmannschaft. Man muß sich nur vor Augen halten, wie schwer man durch Schnellerfahren 15 Sekunden herausfahren kann und wie schnell die gleichen 15 Sekunden durch einen einzigen Mißton beim Reifenwechsel verloren werden können, um die Bedeutung dieses Reifenwechsels zu ermessen. Die Boxencrews haben den Ablauf oft trainiert, der Rekord der Ferrari-Truppe steht bei 17 Sekunden für einen Rundum-Reifenwechsel.

Wenn ein Fahrer zum Reifenwechsel erwartet wird, steht alles parat: Vier Mann mit Schlagschraubern, zwei Mann mit Schnellhebern, ein Dirigent. Zuerst ist der Fahrer am Zug: Er muß den Boxenvorplatz recht genau anfahren, da die Schlagschrauber nicht viel Spielraum haben (sie sind durch hochgelagerte Schläuche mit Preßluftflaschen verbunden), außerdem liegen die neuen Reifen bereits an den vorbestimmten Plätzen. Stop, Motor abstellen, im gleichen Moment wird der Wagen auch schon hinten und vorn hochgehoben, die vier Schlagschrauber werden angesetzt. Beim Schlagschrauben dreht sich das Rad nicht mit, es braucht also weder Bodenauflage zu haben, noch gehalten zu werden. Bei den Rädern der Formel-I-Wagen gibt es nur je eine große Zentralmutter, und zwar je nach Wagenseite mit Links- oder Rechts-

[1] Im Nassen ist die Verzögerung beim Bremsen geringer, daher findet eine geringere Gewichtsverlagerung nach vorne statt.

gewinde. Die schweren Schlagschrauber, die gar nicht so einfach zu handhaben sind, sind auf Links- und Rechtslauf umschaltbar. Hier liegt auch die gefährlichste Fehlerquelle beim Reifenwechsel, ein weiterer Fehler kann durch schräges Aufsetzen einer Mutter passieren, und zwar ziemlich leicht, da der Verschluß weit innen in der Felgenschüssel liegt (außerdem ist alles von den Bremsen derart heiß, daß nur mit Handschuhen gearbeitet werden kann). Das Fahrzeug darf erst dann abgelassen werden, wenn alle Muttern wieder komplett festgezogen sind, weil sonst die Räder nicht einwandfrei zentriert werden. Ob die Mutter schon genügend fest sitzt, erkennt man nur an der Klangfarbe des hämmernden Geräuschs. Wenn da einer unmusikalisch ist, geht im nächsten Eck ein Reifen ab — es ist leider oft genug passiert. Der Motor darf erst wieder gestartet werden, wenn das Auto am Boden steht, weil sich sonst die Hinterräder drehen könnten, was die Arbeit erschweren würde. Das Signal zur Abfahrt bekomme ich dann wieder vom „Dirigenten", der die ganze Zeit vor dem Wagen gestanden ist. Das hört sich alles wunderbar an, klingt nach Planung und Organisation, kann aber so hundertprozentig schiefgehen wie bei mir im Grand Prix in Silverstone 1975. Das schlecht befestigte Vorderrad hat Folgen sowohl in personeller (andere Mechaniker-Kompetenzen) als auch in technischer Hinsicht (bessere Gewinde) gehabt.
Die einzige Aktion, die sich innerhalb der Zeit eines Reifenwechsels zusätzlich durchführen läßt, ist die Änderung an der Abdeckung der Bremsbelüftungsschächte oder Kühler. Zumeist wird es nach Aufhören des Regens um eine Nuance wärmer werden, so daß eine Reduktion der abgeklebten Fläche sinnvoll ist.

MEIN SCHWERSTES RENNEN

Es war zugleich mein schwerstes, mein bestes und mein schönstes Rennen: Monaco 1975. Viele Aspekte kamen zusammen, überlagerten einander, machten dieses Rennen schon vor dem Start zu etwas Besonderem für mich.
Die Vorgeschichte begann bereits am Abend des vorhergehenden Rennens, das war der tragische Lauf in Barcelona. Man sprach davon, Straßenkurse generell zu meiden, auch bei Ferrari. Noch am gleichen Abend rief mich Montezemolo in meinem Hotelzimmer an und fragte, ob ich einverstanden sei, daß Ferrari in Monaco nicht an den Start ginge. Ich sagte nein, ich war gegen jede überstürzte Entscheidung. Wenig später rief mich der Commendatore persönlich an, wollte meine Meinung wissen, ob man Monaco boykottieren solle oder nicht. Ich sagte ihm, daß ich für einen Start sei. Damit war das

Thema erledigt, und jeder konzentrierte sich auf die Vorarbeiten. Es kam die Zeit der letzten Überprüfungstests in Fiorano und die Verladung der Wagen auf die Transporter. Im Werkshof ließ mich der Commendatore durch einen Mitarbeiter daran erinnern: Ferrari hat seit 20 Jahren in Monaco nicht gewonnen. Es war ganz offensichtlich, wie wichtig dieses Rennen für das Gefühlsleben aller Ferrari-Menschen war. Es war also schon bei der Abreise ein gewisser psychologischer Druck auf Regazzoni und mir.
Training: Ich fuhr mit 1 : 27,1 eine hervorragende Zeit, sie würde wohl für die Pole-Position reichen. Das Training dauerte noch 20 Minuten, ich blieb zur Sicherheit im Wagen sitzen. Da kam plötzlich die Meldung, daß Tom Pryce 1 : 26,8 gefahren sei, also mußte ich noch einmal raus. Es war eine schlechthin optimale Runde, ich fuhr am Äußersten, fehlerlos. Ich brauchte gar nicht nach meiner Zeit zu fragen, ich fuhr sofort ins Fahrerlager und machte Schluß, denn ich wußte, daß ich eine bessere Zeit nicht fahren könne. Tatsächlich wurden 1 : 26,4 gestoppt, später wurde die Pryce-Zeit offiziell mit 1 : 27 : 09 bekanntgegeben. Also hatte ich sieben Zehntel Vorsprung in der schnellsten Trainingsrunde, und das ist eine Ewigkeit. Dadurch wurde der Druck auf mich noch stärker, denn nun schrieben die italienischen Zeitungen, ein Ferrari-Sieg in Monaco sei nur noch Formsache. Ein schon vorher „fixierter" Sieg ist nie gut für einen Fahrer, daher war ich über die Situation nicht ganz glücklich.
Am Morgen des Renntags ein Blick aus dem Fenster: Regen. Das bedeutete, daß es keine Ferrari-Überlegenheit mehr geben würde, keine Rede von sieben Zehntel pro Runde, man würde die Autos neu abstimmen müssen und jeder würde die gleichen Chancen haben. Dann die Belastung, die Pole-Position unter allen Umständen nützen zu müssen, dann der Druck, der auf einen Voranfahrenden vor allem im Nassen so unerhört groß ist, weil er nach reinem Gefühl neue Brems- und Schaltpunkte finden muß, während hinten alle nur auf einen Fehler des Führenden warten. Ich glaube, ich bin so gut gefahren wie noch nie. Es klappte einfach alles, da war kein Fehler, keine Unsicherheit. Es war mein Tag und es war mein Rennen. Weder vorher noch nachher habe ich mich so über einen Sieg gefreut.

Zu den Farbfotos auf den nächsten Seiten:
Zolder 1975, Brambilla.
La belle et la bête: Damen (Pia-Maria Regazzoni, Mariella Reininghaus), Watson-Rakete.
Feuerschutz.
Boxenstraße in Zolder, Fittipaldi.

WILDCA
Beta

Beta
Beta
9

John Watson

WILDCAT
TEXACO
Marlboro
TEXACO
Marlboro
1

MEIN LEICHTESTES RENNEN

Eine klare Sache: Nie habe ich es so einfach gehabt wie 1974 in Zandvoort. Ich fuhr die Trainingsbestzeit ohne besondere Umstände, Regazzoni stand neben mir in der ersten Startreihe. Ich erwischte den Start wie im Bilderbuch, Regazzoni und die anderen Spitzenleute waren nicht so günstig dran, also hatte ich vom Start weg eine klare Führung. Dann stellte sich heraus, daß es keinen gab, der mich angreifen konnte oder wollte. Ein solches Rennen muß für Zuschauer schrecklich langweilig sein. Für mich war es deshalb nicht langweilig, weil ich mit ganz langen Ohren auf den Ton des Motors lauerte und alle paar Sekunden auf die Instrumente schaute, denn sonst hatte ich nicht viel zu tun. Ich gewann ganz locker und fühlte mich gar nicht müde.

MEINE GEFÄHRLICHSTE SITUATION

Da wir nur von der Formel I reden, habe ich zum Glück nicht allzuviel Auswahl... müßte ich aus meiner Formel-III-Zeit auswählen, hätte ich ein breites Angebot. Die unangenehmste Situation bei einem Grand-Prix-Rennen passierte mir auf dem Nürburgring 1973, als ich für BRM fuhr. Ich hatte fünftbeste Trainingszeit gehabt, was für damalige Verhältnisse (in einem BRM jener Tage) sehr gut war, ich lag auch im Rennen recht gut — Rang vier nach der ersten Runde. Beim Bergwerk, das ist eine Zweite-Gang-Rechtskurve, merkte ich starkes Untersteuern und dachte zuerst, daß dort eine Ölspur gewesen sei. Bald darauf ist man wieder im fünften Gang, und bei einer schnellen Links-Rechts-Kombination war der Wagen plötzlich unkontrollierbar (es stellte sich später heraus, daß an der hinteren Radaufhängung etwas gebrochen war). Einige Zickzacks konnte ich noch abfangen, dann touchierte ich rechts am Randstein und wurde prompt nach links über die Strecke hinauskatapultiert. Das linke Vorderrad prallte gegen eine Steinböschung, was am Lenkrad einen derartigen Schlag ergab, daß es mir das rechte Handgelenk brach. Dies war der erste Gedankenblitz: Schmerz in der Hand. Dann rodelte ich an der Böschung entlang, da schoß mir durch den Kopf: Nur nicht umgedreht werden, denn dann würde die Situation ähnlich wie wenige Wochen zuvor beim tödlichen Roger-Williamson-Unfall sein. Dann habe ich ein Blackout in meinen Erinnerungen, der nächste Bewußtseinsblitz handelt von einem Streckenpostenhäuschen, dem ich entgegenschlitterte. Dann wieder keine Erinnerung, irgendwie bin ich jedenfalls an der Hütte vorbeigekommen und 80 m dahinter zum Stehen gekommen. Man hat später meine gesamte „Rodelstrecke" abgemessen und ist auf eine Länge von 380 m gekommen. Irgendeine Kleinigkeit hätte genügt, um den Wagen in dieser Phase umzuwerfen, dann wäre die Sache dramatisch geworden.

MEINE LIEBSTE RENNSTRECKE

Ich führe diesen Untertitel nur deshalb an, weil ich oft nach meinem „liebsten Rennen" oder nach meiner „liebsten Rennstrecke" gefragt werde. Ich habe aber keine Lieblingsstrecke, und ich will gar nicht daran denken, ob ich einen Kurs mag oder nicht. Ich fahre jedes Rennen mit der gleichen Einstellung, und da spielt Sympathie wirklich keine Rolle. Und wenn ich mit irgendeiner Strecke etwas mehr Schwierigkeiten habe als mit einer anderen, muß ich eben mein Handikap im Training überwinden. Es hat nur eine einzige Strecke gegeben, von der ich wirklich sagen könnte, daß sie mir nicht gelegen ist. Das war Crystal Palace, ich bin dort ungern gefahren und war froh, als sie aufgelassen wurde. Es gab dort Kurven, die konnte ich zur damaligen Zeit nicht ordentlich fahren. Ich war zweimal dort, habe zweimal die Qualifikation nicht geschafft und zweimal das Auto gegen eine Mauer geworfen. Bei Fortbestand hätte Crystal Palace zu einer Art Angststrecke werden können. Aber das ist auch schon die einzige Ausnahme, sonst habe ich weder Angst- noch Lieblingsstrecken.

Inzwischen an der Box

Von Mariella

Die Atmosphäre an der Box ist immer die von konzentrierter Arbeit, ein bißchen schwül. Niemand sagt ein Scherzwort, niemand findet einen Grund zum Lächeln, man will nur seine Arbeit leisten, die Anspannung löst sich nie zwischendurch.
Was meinen Job betrifft, so stoppe ich Rundenzeiten sowohl im Training als auch im Rennen, aber auf grundverschiedene Art.
Mit der offiziellen Zeitnehmung während des Trainings könnte Niki nichts anfangen, die Zeiten werden zumeist rund eine Stunde nach Ende des Trainings bekanntgegeben. Für seine Information ist er daher auf die Zeiten angewiesen, die er von der Ferrari-Box bekommt, und zum Glück stimmen diese Zeiten fast immer mit der später verlautbarten offiziellen Zeitnehmung überein.
Die wichtigste Arbeitsunterlage für Niki ist jene Übersichtstabelle, die ich führe. Ich benütze einen Heuer-Microsplit, der bis zu Hundertstelsekunden anzeigt, und zwar gleich in Ziffern, so daß man nicht erst langwierig ablesen muß. Ich stoppe jede Runde jedes Fahrers während des ganzen Trainings. Am Beginn ist es kompliziert, rasch zu reagieren und rasch die jeweilige Subtraktion zu machen und das Ergebnis sofort einzutragen, aber inzwischen habe ich schon genügend Routine, um die Sache im Griff zu haben. Schwierig ist es nur dann, wenn zwei Autos fast gleichzeitig über die Ziellinie kommen: Ich kann mit meinem Gerät keine Zeit speichern, muß daher entweder blitzschnell ein zweitesmal abdrücken und mir die erste Zeit merken, um dann beide einzutragen; oder ich muß den Rückstand des Zweiten schätzen, was nach einiger Praxis auch ziemlich genau funktioniert (wenn nur einige Meter dazwischen sind).
Wann immer Niki an die Box kommt, kann ich ihm genau sagen, an welcher Stelle er liegt und welche Zeiten die Gegner gefahren sind. In Trainingspausen

oder am Abend nimmt er diese Tabellen und studiert sie sehr genau, manchmal eine Stunde lang, er kann sich ein genaues Bild über die Gegner und deren Experimente während des Trainings machen. Das Wichtigste dabei ist aber, daß zu jedem Zeitpunkt des Trainings der jeweilige Stand der Qualifikation abzulesen ist.

Parallel dazu werden Nikis und Clays Zeiten von Sante Ghedini (Ferrari-Organisationsleiter) gestoppt, der auch das ganze Trainingsprotokoll mit allen technischen Eintragungen führt. Weiters haben wir fast immer einen Spezialisten von Heuer, der bei allen Rennen nur Ferrari betreut, er heißt Jean Campiche. Er bedient ein großes Zeitnahmegerät, das wir den Computer nennen. Dieses Gerät kann sowohl speichern als auch eine Rundentabelle führen, es hat aber seine Tücken: Jedem Auto wird eine bestimmte Taste zugeordnet, die jedesmal bei Zieldurchfahrt zu drücken ist — das ergibt dann Probleme, wenn die Box an einer unübersichtlichen Stelle der Strecke ist, wie es etwa in Silverstone der Fall ist. Da muß man schon sehr behende sein, um auch dann rasch genug alle Tasten zu finden, wenn zwei oder drei Mann rasch hintereinander vorbeifahren.

Schließlich arbeitet Ferrari noch mit einem weiteren Gerät, dessen Fotozellenanlage ebenfalls von Jean Campiche überwacht wird. Es wird jeweils an jener Stelle der Strecke installiert, an der die Fahrzeuge ihre Höchstgeschwindigkeit erreichen — an der Box wird dieser Wert bereits in Stundenkilometern angegeben.

Beim Rennen herrscht rechtes Gedränge in unserer Box: Teammanager Montezemolo, Organisator Ghedini, Techniker Tomaini, manchmal auch Entwicklungsleiter Forghieri, gut ein Dutzend Mechaniker, die Männer von Goodyear und Heuer, etwa sechs italienische, drei österreichische und drei schweizerische Journalisten (nicht alle zugleich), und leider auch etliche Adabeis, die sich reindrängen und den Arbeitsplatz einengen.

Im Rennen ist die Aufteilung der Zeitnahme anders als im Training. Ghedini stoppt die Differenzen von Niki und Clay zu den jeweiligen Vorderleuten oder Verfolgern, er ist also für die Tafeln verantwortlich, die den Fahrern von Mechanikern rausgehalten werden. Unser Heuer-Mann führt mittels seines Computers eine Rundentabelle, und ich mache eine spezielle Art von Übersicht, die Niki nach dem Rennen eine Analyse Runde für Runde ermöglicht. Und zwar stoppe ich jede Runde von Niki, Clay und den vier oder fünf „interessantesten“ Gegnern. Die Tabelle wird so geführt, daß man auf einem Blick ablesen kann, welche Zeiten diese sechs oder sieben Fahrer in dieser oder jener bestimmten Runde gefahren sind.

Zur Atmosphäre in der Box gilt das gleiche, was ich über das Training gesagt habe: Gedrängte Konzentration, die keinen Spielraum für irgendwelche Art von Ablenkung läßt. Natürlich bricht manchmal die Nervosität durch, am spektakulärsten war das beim Grand Prix in Zandvoort 1975, als Montezemolo in der Boxenstraße herumsprang und von Peterson niedergefahren wurde.

Es ist eine immens verdichtete Zeit, aus der man sich selbst beim Fallen der Zielflagge nicht sofort lösen kann — selbst nach einem Sieg dauert es bei jedem unterschiedlich lang, bis er sich freuen kann.

Fitness

Im Turnen und Sport war ich in der Schule immer durchschnittlich, ich bin nie in der einen oder anderen Richtung aufgefallen. Von meiner Konstitution her war ich eher schwächlich und bekam das auch zu spüren, als ich Porsche 908 fuhr: Ich hatte zuwenig Kraft in den Armen und wurde vorzeitig müde. Ich bekämpfte diese Schwäche ganz gezielt, indem ich ins Fitness-Center in der Wiener Kreuzgasse ging und dort ein Aufbautraining mit Hanteln und allem Drum und Dran betrieb. Dadurch habe ich zehn Kilo zugenommen, das war ein reiner Substanzgewinn, der mir zu meinem jetzigen Idealgewicht von 64 kg verhalf (bei einer Größe von 175 cm). Es kommt vor, daß ich im Laufe einer Saison bis auf 68 kg raufkomme, dann muß ich eben im Wintertraining ein paar Kilo runterholen.

Entscheidend für meinen körperlichen Zustand ist der Schlaf. Ich brauche durchschnittlich zehn Stunden Schlaf, und wenn ich sie längere Zeit hindurch nicht bekomme, wird es unangenehm. An einem Rennwochenende lauge ich mich komplett aus und bekomme unweigerlich ein Schlafdefizit. Der Idealfall wäre daher, den ganzen Montag und Dienstag zu schlafen. Das ist praktisch nie möglich, weil wir gleich wieder mit Tests beginnen oder andere Jobs getan werden müssen, daher schleppe ich dieses Defizit mit mir herum, bis ich wieder einmal eine ganz lange Nacht einlegen kann.

Ich werde in keinem Grand Prix müde, spüre bei keinem Rennen ein körperliches Nachlassen, kann also körperlich alles leisten, was von mir verlangt wird, daher ist mir gezieltes Fitness-Training nicht allzu wichtig. Mir ist es wesentlicher, zu meiner vollen Ration Schlaf zu kommen, und nur dann, wenn ich nicht mehr müde bin, laufe ich eine halbe Stunde am Tag. In der Saison 1975 ist es kaum vorgekommen, daß ich völlig ausgeruht gewesen wäre, daher bin ich auch kaum gelaufen.

Daß ich mich bemühe, keinen Raubbau an meinem Körper zu treiben, ist ja klar. Ich rauche nicht, trinke nicht (außer eine Kleinigkeit bei vielleicht zwei Umfallern pro Jahr) und bin kein Partymensch. An einem Rennwochenende gehe ich zum üblichen Marlboro-Essen, das ist auch schon alles. Ich gehe auch sonst nicht gern aus, es gibt mir wenig. Ich glaube, daß die meisten anderen Grand-Prix-Fahrer ähnlich „gesund" leben, es gibt keinen Playboy unter ihnen, denn mit einem Playboy-Leben kann man diesen Beruf nicht schaffen. Vielleicht war es früher anders, damals wurde noch nicht soviel getestet, man hatte also mehr Freizeit zwischen den Rennen.

Ein längeres Trainingslager, um einmal oder zweimal im Jahr den Körper richtig aufzumöbeln, halte ich für sinnvoll. Das letzte dieser Aufbauprogramme — im Frühwinter 1974/75 in St. Moritz — hat unter „Zerstückelung" gelitten, ich konnte drei Tage trainieren, dann mußte ich nach Paris oder Italien, kam wieder zurück, fuhr wieder weg und so weiter. Unter diesen Umständen konnte das Training nicht richtig funktionieren, denn ich kam müde nach St. Moritz und wurde noch müder, wenn ich gleich wieder Sport betrieb. Ich war dabei unter der Aufsicht des früheren Eisschnellauf-Champions Günther Traub. Seine Programme sind sicher recht gut, er verlangt auch genügend Geld dafür.

Als Ausgleichssport taugt mir Skifahren, ich fahre auch ziemlich gut. Die Angst vor einem Beinbruch fährt allerdings immer mit. Ich habe zwar keine ausdrückliche Klausel im Vertrag, aber ich möchte nicht wissen, was man bei Ferrari sagen würde, wenn ich knapp vor Saisonbeginn mit einem Gipsfuß ankäme. Daher nehme ich mir jedesmal vor, besonders langsam zu fahren. Eine Zeitlang gelingt es mir, dann bin ich aber schon wieder im Schnellfahren drin. Allerdings fahre ich nie Ski bei schlechten Sichtverhältnissen, da gewinnt die Verletzungsangst Oberhand.

Traub motivierte mich, das Skilanglaufen auszuprobieren. Ich glaube gern, daß es äußerst gut für den Körper ist, aber ich finde es gräßlich langweilig und tu es daher nicht mehr.

In einer Halle auf unserem Testgelände in Fiorano haben wir einen Tischtennistisch, da spielen Clay und ich, wenn wir eine Pause zu überbrücken haben. Sehr viel ist aber dabei noch nicht rausgekommen, ich bin ziemlich schwach im Tischtennis, da schlägt mich jeder. Tennis habe ich ein bißchen probiert — etwa in den ruhigen Tagen vor dem Südafrika-Grand-Prix auf der Kyalami-Ranch, es gefällt mir ganz gut, und ich könnte mir vorstellen, ernst-

haft damit zu beginnen, falls ich irgendwann wieder etwas mehr Zeit haben sollte.
Ich war noch nie ernsthaft krank. Seit ich Profi bin, verhalte ich mich ziemlich vorsichtig, um keine Verkühlung zu bekommen. Das beginnt beim Haarwaschen und endet bei der Autoklimaanlage, die ich so einstelle, daß es nur langsam kühl wird.
Im großen und ganzen läßt sich meine Einstellung zu meinem Körper darauf reduzieren, daß ich versuche, vernünftig zu leben. Wenn es daneben noch Zeit für Aufbau- oder Ausgleichssport gibt — um so besser.

Agip
agv
Marlboro

Marlboro
GOODYEAR
agv
agv

Marlboro

Agip

YEAR

GOODYEAR
Marlbo
Agip

FIRMEN,
DIE MIT NIKI LAUDA
ZUSAMMENARBEITEN

Ferrari Alfa Lancia

Ferrari

Siege in der Formel-I-WM

1974
GP Spanien
GP Holland
GP Deutschland

1975
GP Monaco
GP Belgien
GP Schweden
GP Frankreich

Alfa

Siege in der Marken-WM

1974
Monza
1., 2., 3. Platz

1975 – 1. Platz:
Dijon (F) 1000 km
Monza (I) 1000 km
Spa (B) 1000 km
Enna (I) 1000 km
Nürburgring (D) 1000 km
Österreichring (A) 1000 km
Watkins Glen (USA) 6 Std.

Lancia

Siege in der Rallye Marken-WM

1974 – 1. Platz:
San Remo Rallye (I)
Rideau Lakes Rallye (CDN)
Tour de Corse (F)

1975 – 1. Platz:
Monte Carlo Rallye
Schweden Rallye

ERFOLGSZÜNDUNG

Im Jahre 1907 waren Zündkerzen keine technische Neuheit mehr. Doch wie vieles aus der Zeit, als das Auto noch Laufen lernte, waren sie noch unausgereift und meist von schlechter Qualität.

Dem Harvard-Absolventen Robert A. Stranahan, der in Boston, gemeinsam mit seinem Bruder Frank, Autozubehörteile importierte, ließ das Problem keine Ruhe. Er begann, eine eigene Zündkerze zu entwickeln. Sie sollte durch weitgehende Vermeidung eines Gasverlustes eine bessere Motorleistung erreichen. Seine Entwicklung nantne er „Champion", denn Robert A. Stranahan meinte, es wäre „doch ein guter Name für eine Zündkerze." Das war der bescheidene Anfang der „Champion Spark Plug Company".

Im Mittelwesten der USA, in der Gegend um Detroit und Toledo begann sich etwa zur gleichen Zeit eine aufstrebende Automobilindustrie zu etablieren. Sie förderte durch ihre Aufträge natürlich auch die Ansiedlung von Zulieferbetrieben.

Damit war der Anstoß zum Entschluß der Brüder Stranahan geschehen, das noch junge Unternehmen nach Toledo zu verlegen. Ein Dachboden über einer Wäscherei, nahe den Produktionsanlagen der Willys-Overland-Company, war Schauplatz der bescheidenen Anfänge der später weltweit arbeitenden Champion Spark Plug Company.

Innerhalb von 7 Jahren wurde Champion durch die hohe technische Qualität seiner Zündkerzen und profitierend vom Aufschwung der sich rasant entwickelnden Automobilindustrie zum größten Zündkerzenhersteller der Welt. Den wohl größten Anstoß zur späteren Entwicklung von Champion gab die Ford Motor Company.

Bereits 1911 kaufte Ford 200.000 Zündkerzen und vergab wenig später, im Jahr 1913 an Champion das gesamte Zündkerzengeschäft. 48 Jahre lang hielt diese Geschäftsverbindung an. Ford kaufte in dieser Zeit 658 Millionen Champion-Zündkerzen. In dieser Zeit war fast jeder amerikanische Automobilhersteller auch ein Champion-Kunde. Seine dominierende Position als Zündkerzenhersteller konnte Champion bis heute halten: 1971 hatte Champion einen Weltmarktanteil von 41 Prozent, der nächste Konkurrent von 29 Prozent.

Einen wichtigen Beitrag zur positiven Entwicklung von Champion lieferte der Aufbau eines dichten Vertriebsnetzes. Die erste Auslandsfiliale eröffnete Champion 1917 in Canada. Seit über 50 Jahren vertritt die Firma Adolf Riedl AG, Wien, die Interessen von Champion in ganz Österreich.

Seit Bestehen der Gesellschaft haben über 8,5 Milliarden Zündkerzen dazu beigetragen, den Namen „Champion" in vielen Teilen der Welt zu einem festen Begriff für hohe technische Qualität und Fortschritt werden zu lassen.

NIKI LAUDA
in seinem
Champion-gezündeten
Ferrari 312-T
Formel für Erfolg
Formel-1-Rennen werden immer mehr zu atemberaubenden Demonstrationen von Kraft und Können. Auf manchen schnellen Kursen jagen die hochentwickelten Wagen mit Durchschnittsgeschwindigkeiten von bis zu 215 km/h über die Strecke. Doppelt so viele Wagen wie noch vor 10 Jahren gehen an den Start. Und bei mehr als einem Dutzend Werksteams im Rennen um die Weltmeisterschaft ist der Wettkampf härter denn je. Oft genug wechseln die Namen der Sieger von einem Rennen zum andern.
Aber ein Name steht immer im Blickpunkt. Sie sehen ihn bei allen bedeutenden Rennen der Welt. Auf der Kleidung der Ingenieure, die sich um die Zündung kümmern. Auf den Rennwagen. Selbst in der Menge der Zuschauer: CHAMPION. Und Saison für Saison gewinnen die meisten Spitzenfahrer mit Champion-Zündkerzen. Denn Sie wissen aus Erfahrung, daß sie sich mit Champion-Kerzen Spitzenleistung und Verläßlichkeit sichern.
Seit mehr als sechzig Jahren sind wir im Rennsport dabei. Was wir in den Rennen lernen, nutzen wir zur Entwicklung noch besserer Zündkerzen. Für alle Arten von Motoren. Für die Meister
. . . und für Sie.
CHAMPION
Champion. Auf der Seite der Sieger.

NIKI LAUDA UND DIE RAIFFEISEN-GELDORGANISATION

Niki Lauda weiß, daß er sich auf seinen Sponsor verlassen kann: Die Raiffeisen-Geldorganisation zählt zu den größten Kreditinstitutsgruppen Österreichs (Sie ist nur ein Teil der gesamten Raiffeisenorganisation. Die zweite große Gruppe, der Waren- bzw. Verwertungssektor, befaßt sich mit dem Handel, der Lagerung und der Verwertung verschiedenster Güter und Produkte.) und verfügt mit 1980 Raiffeisenkassen bzw. -banken über das größte Kreditinstitutsnetz des Landes. Der Raiffeisen-Geldsektor besteht aus drei Stufen: Den auf lokaler Ebene tätigen Raiffeisenkassen bzw. -banken, den auf Bundesländerebene tätigen Zentralbanken bzw. Verbänden sowie als dritte Stufe die Genossenschaftliche Zentralbank AG als Spitzeninstitut in Wien. Firmensymbol dieser Organisation ist das aus zwei gekreuzten Pferdeköpfen bestehende Giebelkreuz.
Zur Jahresmitte 1975 beliefen sich die Spareinlagen der Raiffeisen-Geldorganisation auf rund 54 Mrd. S und die Scheckeinlagen auf rund 11 Mrd. S, das sind Gesamteinlagen von rund 65 Mrd. S. Das Kreditvolumen beträgt rund 56 Mrd. S. Allein der genossenschaftlich organisierte Raiffeisen-Geldsektor umfaßt mehr als 1,1 Millionen Mitglieder, der Gesamtmitgliederstand der Raiffeisenorganisation in Österreich beträgt rund 1,780.000 Mitglieder. Rund 3,3 Millionen Sparkonten und über 700.000 Girokonten bedeuten, daß praktisch jeder zweite Österreicher ein Raiffeisen-Sparbuch und jeder zehnte ein Raiffeisen-Girokonto besitzt. Der Raiffeisen-Geldsektor verwaltet somit einen beachtlichen Teil des österreichischen Sparaufkommens, trägt auf dem Kreditweg mit beachtlichen Mitteln zur Finanzierung einer Vielzahl von Wirtschaftsbereichen bei und stellt darüberhinaus sämtliche Bankdienstleistungen im inländischen wie auch im internationalen Bereich zur Verfügung. Die Raiffeisen-Geldorganisation beschränkt sich jedoch nicht allein auf Österreich, sondern sie ist nur ein Teil des international weit verbreiteten ländlichen Genossenschaftswesens.
Zur Raiffeisen-Geldorganisation zählt weiters noch eine stattliche Reihe von Dienstleistungsunternehmungen wie die Raiffeisen Bausparkasse Ges. m. b. H., die Raiffeisen Versicherung AG, die Raiffeisen Leasing Ges. m. b. H., die Raiffeisen Finanzierung AG und das Raiffeisen Reisebüro Ges. m. b. H. Auf Grund von Beteiligungen bietet die Raiffeisen-Geldorganisation dazu noch Dienste wie Factoring, Wirtschaftsberatung und Außenhandelsservice an. Der Raiffeisen-Geldsektor ist somit ein bedeutender Faktor des österreichischen Geldwesens.

Unsere beste Empfehlung ist die persönliche Empfehlung.
Mit Raiffeisen bin ich immer gut gefahren. Darum mein Rat für jeden, für den Zeit Geld ist: Richtig. Raiffeisen.
RAIFFEISEN
Die Bank mit dem persönlichen Service
Auch Niki Lauda meint:
Richtig. Raiffeisen.